JN112685

令和元年

改正民事執行法 実務解説 Q&A

編著——弁護士 今井和男 弁護士 太田秀哉

著——弁護士 有賀隆之 弁護士 池田綾子 弁護士 大野徹也

東京高等裁判所判事 成田晋司

商事法務

はしがき

　2011 年 5 月、日本弁護士連合会は「民事改革と司法基盤の推進に関する決議」を採択し、同年 7 月に民事司法改革推進本部が設置された。2012 年 3 月に民事司法改革シンポジウムが開催され、民事司法改革の課題と進捗状況について①民事裁判の改革②家事事件の改革③行政訴訟法の改革④人的物的基盤改革がテーマとなった。①について、民事裁判が十分に利用されていない現状について、「強制力の欠如にある現状からの実効性の向上」が指摘され「執行力の強化」が課題として共通認識された。

　2003 年のデータであるが、人口 10 万人あたりの民事事件数の比較では、わが国の民事事件数はアメリカの 8 分の 1、イギリスの 5 分の 1、ドイツの 3 分の 1、フランスの 4 分の 1、韓国でも 3 分の 1 程度である（今井和男「債務名義の執行力の強化に向けて」判例タイムズ 1378 号（2012）41 頁、42 頁）。

　「債務名義の執行力」として初めて財産開示制度が導入されたのは平成 15 年の民事執行法改正のときであるが、わが国が近代的な執行制度を創設するに際してモデルとしたドイツは 1877 年の民事訴訟法制定時から既に財産開示制度を有していたとのことである。ところがわが国の財産開示制度は全く有効なものとして使われていない状況が続いた。日弁連が 2008 年に行った「財産開示に関するアンケート」では①確定判決による債務名義を取得しながら債権を回収することができなかったことがあるかとの問いに対し、「ある」との回答は実に 79％であった。②財産開示の成果として「債権回収が全額出来た」と答えた人はわずかに 6％であった（日本弁護士連合会 HP 各種アンケート結果「財産開示手続に関するアンケート調査結果」6 頁、8 頁（https://www.nichibenren.or.jp/library/ja/jfba_info/publication/data/zaisankaiji-enquete.pdf））。

　三木浩一慶応義塾大学教授を代表者とする執行制度の改善を目的とする私的な研究会の報告によれば、わが国の財産開示制度は年間 1,000 件前後に低迷しているが、ドイツ、アメリカ、韓国などに比較すると格段

に制度の実効性が小さい。ドイツの財産開示制度の利用件数は年間 100
万件を超えていて、韓国でも利用件数は 10 万件を超えている（三木浩
一「わが国における民事執行制度の課題 − 財産開示制度を中心として −」
LIBRA（2012 年 6 月号）14 頁）。

　わが国の財産開示制度の問題点は①開示を強制する実効的な手段がな
い。過料 30 万円というだけでは制裁効果はないに均しい。②債務名義
の種類が限定的であること、③ドイツ、アメリカ、韓国にはない強制執
行不奏功要件があること、④そして財産開示制度を強化し補完する制度
として、諸外国にある第三者からの情報取得制度がないことなどが指摘
されていた。

　民事訴訟法と民事執行法の大家であられる竹下守夫先生そして中野貞
一郎先生から生前そのお考えをお聞きしたが、わが国の民事執行制度に
ついてその実効性の弱さを大変危惧されていた。「国家が債務名義を付
与することとその権利の具体的実現に国家が責任を持って体制整備する
ことは切り離せない」と教えられた。中野貞一郎先生は、財産開示は本
来「見えないものを見せる」すなわち「不可視」なものを「可視化」す
ることがその目的であるのに、わが国の現行法は「開示しないのは良く
ないですよ」という機能はあっても「開示しなさい」という機能はない
と指摘された。

　ドイツ、オーストリアの拘留期間については 6 か月であったが、韓国
は 20 日間の監置制度を導入した。

　今回の改正は以上のような経過を経て、財産開示制度は大幅に強化改
正され、①不遵守の制裁は「6 月以下の懲役又は 50 万円以下の罰金」
と強化され、そして②全ての債務名義の債権者が申立てられることとし
た。③第三者からの情報取得制度は銀行等の預金情報に留まらず株式な
どの金融資産の他「不動産情報」、そして対象債権は限定されてはいる
ものの「給与債権情報」にまで拡大された。以上の法改正とともに、さ
らに民事執行法の欠缺や不備の部分を充足する形で別のテーマである
「不動産競売における暴力団員等の買受けの防止の方策」、「国内の子の
引渡し及び国際的な子の返還の強制執行に関する規律の明確化」、「民事
執行法のその他の見直し」を目的として、民事執行法及び国際的な子の

奪取の民事上の側面に関する条約の実施に関する法律の一部がともに本改正に至ったものである。

　2020 年 3 月

弁護士　今井　和男

弁護士　太田　秀哉

目　次

序章　民事司法制度改革における民事執行法改正の位置づけと
　　　改正の経緯

第1章　債務者の財産状況の調査に関する制度の実効性の向上

目　次

第 2 章　不動産競売における暴力団員等の買受けの防止

第3章　国内の子の引渡しの強制執行に関する規律の明確化

第4章　民事執行法のその他の見直し

凡　例

法令等の条文を引用・参照する場合は、以下の略称を使用する。

法	民事執行法（昭和 54 年法律第 4 号・民事執行法及び国際的な子の奪取の民事上の側面に関する条約の実施に関する法律の一部を改正する法律（令和元年法律第 2 号）による改正後のもの）
旧法	民事執行法及び国際的な子の奪取の民事上の側面に関する条約の実施に関する法律の一部を改正する法律（令和元年法律第 2 号）による改正前の民事執行法
規則	民事執行規則（昭和 54 年 11 月 8 日最高裁判所規則第 5 号・令和元年 11 月 27 日最高裁判所規則第 5 号による改正後のもの）
旧規則	令和元年 11 月 27 日最高裁判所規則第 5 号による改正前の民事執行規則
民訴法	民事訴訟法（平成 8 年法律第 109 号）
民保法	民事保全法（平成元年法律第 91 号）
ハーグ条約	国際的な子の奪取の民事上の側面に関する条約
ハーグ条約実施法	国際的な子の奪取の民事上の側面に関する条約の実施に関する法律（平成 25 年法律第 48 号・民事執行法及び国際的な子の奪取の民事上の側面に関する条約の実施に関する法律の一部を改正する法律（令和元年法律第 2 号）による改正後のもの）

参照資料、文献を表記する場合は、以下の略称を使用する。

第〇回議事録	法制審議会民事執行法部会の議事録
部会資料〇	法制審議会民事執行法部会の会議資料
中間試案補足説明	法務省民事局参事官室「民事執行法の改正に関する中間試案の補足説明」（平成 29 年 9 月）
内野ほか⑴ ～⑸	内野宗揮＝山本翔＝吉賀朝哉＝松波卓也「民事執行法等の改正の要点⑴～⑸」金融法務事情 2118 号（2019）、2120 号（2019）、2122 号（2019）、2124 号（2019）、2126 号（2019）

序章

民事司法制度改革における 民事執行法改正の位置づけと 改正の経緯

1　はじめに

　「民事執行法及び国際的な子の奪取の民事上の側面に関する条約の実施に関する法律の一部を改正する法律」（令和元年法律第 2 号）が同年 5 月 17 日に公布された[1]。そしてこの法律に伴う最高裁民事執行規則は 2 回の小委員会と全体委員会を経て 11 月 27 日に公布され、令和 2 年 4 月 1 日施行となった。

　本改正法は、①債務者の財産状況の調査に関する制度の実効性の向上、②不動産競売における暴力団員等の買受けの防止の方策、③国内の子の引渡し及び国際的な子の返還の強制執行に関する規律の明確化、及び④民事執行法のその他の見直しを目的として、民事執行法及び国際的な子の奪取の民事上の側面に関する条約の実施に関する法律の一部を改正するものである。

　以上のとおり、今回の法改正の大きな特徴は、上記①～④の目的となる論点は民事執行という点では共通するものの、①～④の論点相互には直接の関連はないいわば個別の論点が並列した法改正ということができる。①は判決などの債務名義の執行力の向上に資するもので裁判における権利の実現ひいては民事司法制度への信頼に大きく繋がるものである。②は競売手続からの反社排除を目指し、③は民事執行法の欠缺部分を充足するものであり、④は民事執行法の不備を補うものである。各論点はつぎのような経緯と特徴が指摘できる。

---

1)　公布された法律、新旧対象条文、概要は法務省のウェブサイトをご参照いただきたい（http://www.moj.go.jp/MINJI/minji07_00247.html）。

2 本改正法の立法理由と経緯

(1) 債務者財産の状況の調査に関する制度の実効性の向上

　民事執行法（昭和 54 年法律第 4 号）は平成 15 年および平成 16 年に社会経済情勢の変化への対応と権利実現の実効性の向上という観点等から全般的な見直しが行われた。

　私は平成 15 年改正のときには幹事として法制審議会に関与していたが、当時長く続いていた不良債権の回収とそれを阻害する占有妨害などの執行妨害の排除も大きなテーマであった。

　そのために債権回収すなわち金銭債権の債務名義の執行力強化が併せてテーマとされた。判決などの債務名義をせっかく取得して、執行しようとしても対象となる財産が隠匿などによりわからず強制執行が事実上できない現実があり、その対応策として債務者「自らがその財産を開示する方法」と銀行預金など「第三者からの情報提供を受ける方法」が平成 15 年改正の法制審議会で熱心に議論された。その結果債務者自らが財産を開示する方法（財産開示制度）は実現の運びとなったが、第三者からの情報取得手続の創設はとりあえず見送られた[2]。

　財産開示制度は平成 15 年改正による初めての制度なので、債務者に対する過重な負担にならないようにとの配慮から、当初は裁判所への不出頭や虚偽陳述などの制裁としては罰金などの刑事罰が提案されていたが、審議の末に結局「30 万円以下の過料」に落ち着いた。ところが、施行直後の平成 16 年には申立件数は 718 件であって、翌年 17 年には 1,182 件となりその後低迷し（平成 18 年 789 件、平成 19 年 663 件、平成 20 年 884 件、平成 21 年 893 件）、平成 22 年〜平成 24 年は 1,000 件を超えたものの再び低迷し、平成 30 年は 578 件となった[3]。さらに平成 29 年

---

[2]　法制審議会の調査審議資料や議事録は、法務省のウェブサイトにて入手可能（http://www.moj.go.jp/shingi_index.html）。

[3]　裁判所ウェブサイト司法統計参照（http://www.courts.go.jp/app/sihotokei_jp/search）。平成 16 年財産開示手続の数値は 4 月〜 12 月の件数である。

におけるその申立てに対しては実際に債務者の財産情報が開示された既済件数は 40％でしかなく、また不出頭の件数もこれに近い数字になっている。

　このような出頭すら十分になされない原因は、第一に不出頭などに対する制裁が「過料」では財産開示制度を実効性あるものとするために後押しする効果としては極めて弱いことがまず指摘された。そして第二に不奏功要件（法 197条 1項各号）が指摘された。すなわち不奏功要件とは、①強制執行または担保権の実行における配当等の手続において、申立人が請求債権の完全な弁済を得るができなかったこと（同項 1号）、または②知られている財産に対する強制執行を実施しても、申立人が請求債権の完全な弁済を得られないことの疎明があったことの要件を満たすことが必要であったが、これが障害になっていることは特に実務家の間で認識されていた。

　以上のような問題点の見直しから、まず制裁としての罰則は今回の改正は「6月以下の懲役または 50万円以下の罰金」と大幅に強化された。この目的は制裁自体の実効性以上に制裁による違反行為に対する抑止力である。韓国では財産開示に伴う制裁としてやはり身体拘束の「監置」という制度があるが、この制裁による制度の実効性の後押しとしては極めて効果的であるとのことである。

　そしてつぎに不奏功要件についてだが、債務名義が判決である場合で例えれば裁判にはそれなりの時間と労力が必要となる。苦労して得られた執行力ある債務名義を取ったなら強制執行は速やかに行わなければ意味がないことは債権回収の体験からの実感である。ところがこの不奏功要件をその規定どおりに厳格に遵守すれば、実際に一度強制執行して空振りに終わるか（1号）、そうでなければ完全な弁済を得られないことを疎明する（2号）という手間暇を掛けなければならない分だけ迅速な執行はできなくなる。また、そもそも論理的にも、これから強制執行しようとするときに、債務者の執行対象の財産がわからないので債務者自身に対象財産を自己申告してもらうことがこの制度の目的であるのに、まずは強制執行しなさい、もしくは強制執行しても完全な弁済を得られないことを疎明しなさいという要件は少なくともその先後関係に矛盾があ

るように思われる。

　なぜこのような要件が平成 15 年改正で加わったかといえば、財産開示は初めての民事執行法上の債務者の財産状況の調査に係る制度なので、慎重に債務者のプライバシーや営業秘密の保護が必要であるというのがその理由であった。それから 15 年の時を経てこの規定が見直され本改正における法制審議会でもこの点は大きな論点として議論された。私は以上のような強制執行の迅速性との論理矛盾を理由に完全撤廃を主張した。また学者の一部委員からも強制執行の対象となっている債務者には対執行債権者との関係では「プライバシーの保護」の議論はなじまないのではないかとの指摘もあった。

　数度にわたる議論の末、プライバシーや営業秘密の保護の必要性は今でも変わらないとの結論になったが、執行の迅速性に対する配慮としては、不奏功要件の運用は、法 197 条 1 項 2 号の疎明は最近の運用として相当緩和されているので、迅速性の阻害にならないような実務が定着しているとの説明で残存することになった。

　また、平成 15 年改正で立法化された財産開示制度は、債務名義になった債務が「支払えない」か「支払わない」債務者が自らの資産を自己申告することになるので、制裁が「過料」であることを併せ考えると、そもそも正確な申告をすることの期待可能性に乏しく自ら開示することの限界があるのではないかという見方が強まった。そこで平成 15 年改正では見送られた第三者から直接に情報開示が得られることが必須なのではないかということが喫緊のテーマとして取り上げられ、今回の改正で幅広く「第三者からの情報取得」が実現するに至った。

　当初、第三者からの情報取得は審議会では、銀行からの預金情報がその中心として審議された。しかし、銀行預金は引き出そうと思えばいつでもできてしまう。執行対象としてはまとまった大きな預金もあれば少額の預金もある。銀行預金情報だけでは決して十分な財務情報とはいえない。そして資産形成としての定期預金もあれば債務者への諸々の振込先であったり、また生活費として日常の出し入れに使用している普通預金も多い。

　またそもそも弁護士会照会（弁護士法 23 条の 2）によってすでに一部

の銀行からは債務者の預金情報が得られるようになっていたこともあって、この点からも銀行預金情報だけでは改正によるメリットは大きいとはいえず、十分な財務情報とは評価されないと思われた。

　この点、株式や社債などの典型的な金融資産は差し押さえるべき執行対象資産にふさわしいものである。今回「振替機関等」から「振替社債等に関する情報」を取得する手続が定められることになったことは画期的なことである（法207条1項2号）。この手続によって上場株式、投資信託受益権、社債、地方債、国債などの財産情報の取得が可能になった。ただこの手続についても債務者保護の観点から不奏功要件は存置されることになった。

　さらに重要な財産である不動産情報が登記所から提供されることになった。これも大変画期的なことである。債権回収をする立場からいえば悲願であった。銀行預金は払い戻ししようと思えば直ちにできるが、土地建物のような不動産はそう簡単には所有名義を移転することはできない。もっとも過去にはそのような財産隠しや偽装の所有権移転の本登記、または仮登記のようなケースもあるにはあったが、強制執行妨害目的財産損壊等の罪（刑法96条の2）に該当し得るので、そのようなリスクを冒してまで隠匿を図るケースはさほど多くはないのではないかと見込まれる。したがって不動産の情報が提供されることになった意義は価値の大きさに加えてこの意味でも大きい。

　ただ、不動産情報の取得のためには前述した強制執行の不奏行要件が要求され、更に前述した財務開示手続が前置されることになった。なお、登記所における不動産に関するシステムの構築などの整備が必要であるため、公布の日から2年を超えない範囲内で政令で定める日までの間は適用しないとされている（改正法附則5条）。

　また、個人が債務者である場合の最も重要な財産である給与債権の差押の申立てに資する勤務先情報が得られることになった（法206条1項）。その第三者は市町村（特別区を含む）と厚生年金保険の実施機関等である日本年金機構、国家公務員共済組合、国家公務員共済組合連合会、地方公務員共済組合、全国市町村職員共済組合連合会、日本私立学校振興・共済事業団である。ただ、勤務先情報は個人の債務者の一番重要な

財産であることに鑑み、申立権者は「執行力のある債務名義の正本を有する金銭債権の債権者」のうち、その請求権が「民事執行法151条の2第1項各号（扶養義務等）に掲げる義務に係る請求権又は人の生命若しくは身体の侵害による損害賠償請求権」のみとされた。そして不奏功要件と財産開示手続前置も要件とされた。

　さらに債務名義の範囲はこれまで仮執行宣言付判決等、執行証書または確定判決と同一の効力を有する支払督促については、これに基づいて財産開示手続の実施を申し立てることを認めなかったが、今回の改正では、財産開示手続の申立権者の範囲を拡大することとしており、改正法197条1項柱書きは、金銭債権についての強制執行の申立てをするのに必要とされる債務名義であれば、いずれの種類のものであっても、これに基づいて財産開示手続の申立てをすることができることとなった。

　以上の改正には大きな意義が2つある。1つはこの手続により財産開示手続の債務名義の種類が拡大し、財産開示自体も罰則が大きく強化され、新たに第三者からの情報取得も加わり、その情報も銀行預金のみならず、不動産、株式や社債などの振替社債等に関する情報、さらには勤務先情報など極めて幅広く拡大されたことである。そしてもう一つは、せっかく苦労して勝訴判決を得ても執行ができないのでは画餅だと時々いわれて来たが、このように大きな債務名義の執行力強化の改正によって債務名義への信頼が飛躍的に高まるとともにそのことは裁判そして民事司法制度に対する信頼の飛躍的向上に繋がるものと期待することができる。

(2)　不動産競売における暴力団員等の買受けの防止の方策

　本改正は文字どおり不動産競売からの暴力団員の買受を封ずるものであるが直接の立法事実は警察庁が行った平成29年の調査で全国の暴力団事務所約1,700か所のうちの12％近くの約200か所が競落物件であるという驚くべき事実である。この事実が法制審議会で報告されるや審議会では一日も早い本改正の必要性が認識され、行為規制ではなく暴力団排除という属人規制ではあるので一番議論の対象になるのではないかと懸念していた予想が完全に外れた。平成19年6月の犯罪対策閣僚会議

での「企業が反社会的勢力による被害を防止するための指針」いわゆる
「反社指針」によってあらゆる民間取引から暴力団などの反社を排除す
る方針が打ち出された[4]。この指針に基づいていわゆる暴排条項が民間
での取引契約条項に幅広く取り入れられ、全国の地方公共団体ではいわ
ゆる暴排条例が全国津々浦々に至るまで完備された。ところで、不動産
競売は、いうまでもなく不動産の売却によってその売却代金を申立債権
者等に配当する手続であるが、広く入札者を募集して最も高値を付けた
人に売却するという意味ではその実質は国が主宰する「不動産売却業」
または「売却斡旋業」とも言い得るものである。政府が民間にあらゆる
取引からの反社排除を呼びかけていながら政府（＝国）自身が全くこの
点ノーケアなのは大変バランスが悪く、遅ればせながら民間取引同様に
反社（暴力団）排除の手続を実現したものであると評価できる。この立
法の目的を達する方法として、まず不動産競売の入札をする場合に、自
らが暴力団員でないことまたは暴力団員でなくなった日から5年を経過
していることを陳述しこれに違反したときは6月以下の懲役または50
万円以下の罰金に処することとされている（法213条1項4号）。その排
除の方法としては、最初に買受人が暴力団員等に該当すること等は売却
不許可事由とされており（法71条5号）、その調査は都道府県警察に嘱
託する方法で行う（法68条の4第1項、2項）。そして特筆すべきは、①
法人でその役員のうちに暴力団員に該当する者があるものによる買受け
も排除していることと、②自己の計算において最高価買受申出人に買受
けの申出をさせた者が、暴力団員等または法人でその役員のうちに暴力
団員等に該当する者があるもののいずれかである場合にもその買受けを
排除していることである。②は要するに、暴力団員等がいわゆるダミー
を使って入札することも許されないという趣旨である。

---

4)　指針については、犯罪対策閣僚会議ウェブサイト（http://www.kantei.go.jp/jp/
　singi/hanzai/index.html）、法務省ウェブサイト（http://www.moj.go.jp/keiji1/keiji_
　keiji42.html）をご参照いただきたい。

⑶ 国内の子の引渡し及び国際的な子の返還の強制執行に関する 規律の明確化

　旧民事執行法には、子の引渡しの強制執行について固有の明文が設けられていなかった。では「子の引渡し」の強制執行はどうしていたかといえば、動産の引渡しの強制執行に関する民事執行法169条を類推適用して、執行官が、債務者による子の監視を解いて債権者に引き渡す直接強制の方法によって行われていた。子の引渡しの強制執行のあり方について間接強制説と直接強制説の見解の対立があったとはいえ、子という人に対し「動産の引渡し」の強制執行の規定の類推適用ということ自体適切ではなく、これは端的にいえば執行法の欠缺といわざるを得ない。ところで、平成25年に制定された国際的な子の奪取の民事上の側面に関する条約の実施に関する法律（平成25年法律第48号（以下「ハーグ条約実施法」という））の中ではこの点についての規定が整備されていた。国内と海外との違いはあるものの一方当事者に子を引き渡すという点では基本的に同じなので、当初からハーグ条約実施法との整合性が審議の対象となった。このことは併せてハーグ条約実施法自体の適合性の見直しにも繋がった。幼な子から成人に近い子まで「子」の範囲は広く、この問題の一番の難しさは「子」をどう捉えるか、「子の福祉」という視点から引渡しの執行の場面で子の心に与える影響をどうミニマム化できるのかということと、債務名義の執行をどのように円滑に実現できるかという整合性であった。

　審議会の場面でも実にたくさんの様々な意見や体験談が述べられた。直接的な強制執行は子に与える心理的な影響が大きいので極力避けたほうが良く、間接強制が原則のほうが良いと考えられがちであるものの、頑なに引渡しを拒んでいる債務者である片親が、間接強制金を払うことが負担で、それだけの理由で子を引渡すということは現実的なのか、そもそもそれは子の心理に与える影響が少ないどころか逆にそのような制裁金を払いたくないから自分を手渡そうとする片親を見ることは、大きく傷付くことにならないだろうかという指摘などがあった。

　審議会において興味深い実際の引渡しの執行現場の体験レポートがなされた。執行官が補助者を伴って父親が債務者で父親の許にいる年少の

女子の引渡しの執行が行われたときの話である。実はこのときには債権者である母親も執行官とともに同行していたのであるが、執行現場では子に見えないようにその姿を隠していた。執行官が子を債務者の許からの引渡しを試みようとしたところ、この子はオモチャの刀を執行官に向けて振りかざし抵抗の姿勢を見せた。ところが、隠れていた母親の姿が見えた途端にオモチャの刀を捨てて「ママー！」といって母親の懐に飛び込んで行ったとのことであった。引渡しの現場で子の心理的な影響をミニマム化するということと「子の福祉」の問題はもちろん関係はあるものの、全く同一ではないのではないかとの指摘もあった。むしろ「子の福祉」の問題は裁判でのテーマであって、引渡しの執行はその債務名義どおり実現するという問題であって、速やかに円滑に執行することが子の心理的影響つまり心を傷付けないことに寄与するのではないかという指摘もなされた。そして色々な場面を想定して、以上のような大変慎重にして十分な審議の末に子の引渡しの強制執行の規定ができ上がった。そして、ハーグ条約実施法も併せて、この新法に合わせてほぼ同じ内容の法改正となった次第である。

(4)　民事執行法のその他の見直し

　以上に述べたとおり上記(1)は債務名義の執行力の強化のために債務者本人からの財産情報の開示と第三者からの幅広い財産情報の取得の法改正であるが、ここでのテーマは執行を受けた債務者の保護の観点からまず差押禁止債権の範囲変更の申立てその他が取り上げられた。

　金銭債権を差し押さえた債権者は、債務者に対して債務名義が送達された日から一週間を経過すればその債権の取立をすることができる（法155条1項）。差押禁止債権を規定する民事執行法152条は、①債務者が国および地方公共団体以外の者から生計を維持するために支給を受ける継続的給付に係る債権（同条1項1号）、②給与に係る債権（同項2号）については、原則としてその給付の4分の3に相当する部分を差し押さえてはならないこととしている。もっとも、この規定による差押禁止債権の範囲は画一的なものであるため、個別具体的な事案における不都合を回避する観点から、債務者または債権者は、差押禁止債権の範囲の変

更の申立てをすることができることとされている（法153条）。ところが、このような制度が活用されずに機能していない現実がある一番の理由は、この制度が十分に知られていないことと取立権の発生が、債権差押命令の送達から一週間の短期間であることが指摘されていた。このことから改正法145条4項は、裁判所書記官が、差押命令を債務者に送達するに際し、差押禁止債権の範囲の変更の申立てをすることができる旨を債務者に対して教示しなければならない旨を規定した。そして、改正法155条2項は、差押えの対象が給与等の債権である場合には、債権者がその債権を取り立てることができるようになる時期（取立権の発生時期）を、原則として、債務者に対して差押命令が送達された日から4週間を経過した時とされた。

債権執行事件の終了に関しては次のような規定がなされた。これは、滞留した大量の変動のないまま裁判所に掛かった状態にある債権執行事件の処理（終了）に繋がる。差押債権者が取立権を行使しない場面等における規律においては、取立権が発生した後、支払いを受けずに2年間経過したときは、その旨を執行裁判所に届け出なければならず（法155条5項）、取立権が発生した日から2年を経過した後4週間以内に取立権の行使に関する届出（同条4項、5項）をしないときは、執行裁判所は差押命令を取り消すことができることとされた（同条6項）。また、債務者への差押命令等の送達未了の場合の規律においては、債務者に対する差押命令の送達ができない場合、執行裁判所は、差押債権者に対して、相当の期間を定めて、債務者の住所、居所その他差押命令の送達をすべき場所の届出をすべきことを命ずることができ（法145条7項）、当該届出が行われない場合、差押命令を取り消すことができることとされた（同条8項）。

(5) 本改正における実務解説

以下の各章において、それぞれの改正法についてQ＆A方式でより具体的にわかりやすい実務的な解説を行っている。

第1章

債務者の財産状況の調査に関する制度の実効性の向上

Q1

今回、債務者の財産状況の調査に関する制度が改正されることとなったのは、どのような背景によるのか。

A

　民事執行制度の実効性を確保するため、平成 15 年の民事執行法改正においてはじめて、債務者の財産状況の調査に関する制度として、債務者に対する財産開示手続が創設されたが、その後、申立件数が低調に推移するなどその機能を十全に発揮しているとはいえない状況にあったことを踏まえ、民事執行制度の実効性を確保することを目的に、債務者の財産状況の調査に関する制度について全般的な見直しが行われることとなった。

〔解　説〕

1　平成 15 年法改正の背景

　民事執行法（昭和 54 年法律第 4 号）は、昭和 54 年に制定された後、平成 15 年および平成 16 年に、社会経済情勢の変化への対応や権利実現の実効性の向上等の観点から大幅な法改正が行われたが、平成 15 年改正において創設された制度が、債務者に対する財産開示手続であった。

　金銭債権を有する債権者が民事裁判手続により満足を得るためには、債務者に対する勝訴判決等の債務名義を取得した上で、当該債務名義に基づき債務者の財産に対して強制執行を行わなければならない。しかし、強制執行の申立ては、原則として差押えの対象となる債務者の財産を特定して行わなければならないことから[1]、債務者がどのような財産

　1)　動産執行に関しては、差し押さえるべき動産が所在する場所を記載すればよく（規則 99 条）、必ずしも対象となる財産を特定する必要はないが、広範な差押禁止動産に関する規定があり（法 131 条）、実務的には債権者が十分な満足を得られるケースは多くない。

を保有しているのかについて情報がなければ、債権者が勝訴判決等の債務名義を得たとしても、強制執行を行うことはできないという問題がある。債権者が訴訟提起をして勝訴判決を取得して権利確定をしたとしても、確定した権利の強制的実現過程である強制執行手続が実効性のあるものでなければ、民事司法制度を全体としてみると、権利確定はできても権利実現はできない片手落ちな制度といわざるを得ず、このまま状態では民事司法制度全体に対する国民の信頼を失わせることにもなりかねない。

　このような危機感を背景に、民事司法制度における権利実現過程である強制執行手続の実効性の向上を目的として、債務者の財産状況の調査に係る新たな手続として債務者に対する財産開示制度が創設された。平成 15 年の法改正は、民事執行制度を強化することによって、究極的には民事司法制度全体に対する国民の信頼を確保することが目的とされたものといえる。

2　財産開示手続の運用状況

　前記したとおり、債務者に対する財産開示手続は、勝訴判決等の債務名義を有する債権者が、債務者の資産に関する情報がないために強制執行を申し立てることができないという問題状況を解消し、権利実現過程の実効性を向上させるため創設されたものであり、平成 15 年改正の目玉の改正として債権者によって大いに活用されることが期待されていた。ところが、当初の期待にもかかわらず、その申立件数は、財産開示制度の施行から現在まで新受件数が年間 1,000 件前後にとどまり続け、最高裁判所の司法統計によれば、平成 21 年から 30 年までの財産開示手続の新受件数は、つぎの表のとおりであり、近年は年間 1,000 件を切る状態が続いていた。特に平成 22 年に 1,207 件の新受件数があった以降は一貫して減少が続いており、平成 30 年には 578 件とその新受件数はピークの半数以下にまで大きく減少していた。

年 （平成）	21 年	22 年	23 年	24 年	25 年	26 年	27 年	28 年	29 年	30 年
件数 （件）	893	1,207	1,124	1,086	979	919	791	732	686	578

　これに対し、強制執行手続の新受件数は、つぎの表のとおりであり、財産開示手続とは異なって、この 10 年間で横ばいか微増の傾向を示していた。

年（平成）		21 年	22 年	23 年	24 年	25 年	26 年	27 年	28 年	29 年	30 年
件数 （件）	不動産	4,745	4,970	4,673	4,329	4,200	4,129	4,463	4,702	4,726	5,064
	債 権	112,931	112,462	108,964	111,963	114,591	118,646	113,247	113,931	119,289	119,034
	合 計	117,676	117,432	113,637	116,292	118,791	122,775	117,710	118,633	124,015	124,098

　このように債務者に対する財産開示手続の申立件数は、強制執行手続の申立件数と比較しても相当程度低水準であったことに加え、強制執行手続の事件数が横ばいか増加傾向にあったのに対し、一貫して減少傾向で推移していたことや、その運用状況[2]から平成 15 年改正法において創設された債務者に対する財産開示手続については、創設時に期待されていた機能が十全に発揮されていないとの指摘がなされていた。

3　債務者の財産状況の調査に関する制度の見直しの必要性

　上記のとおり、財産開示手続の機能が十全に発揮されていないことの原因については、財産開示手続の実施要件として、先に実施した強制執行の不奏功等の要件があるなど必ずしも債権者にとって使いやすい制度

　[2]　たとえば、部会資料 1 によれば、平成 27 年における財産開示手続の新受件数は 791 件であり、既済件数は 817 件であったが、そのうち、実際に開示義務者がその財産について陳述した事件数は 284 件に過ぎなかったとされている。また、平成 29 年においては既済件数が 681 件であったのに対し、実際に債務者の情報が開示された件数は 253 件に過ぎなかった。

設計になっていないことや、そもそも債務者に自らの財産に関する情報を開示させることを期待すること自体難しい側面がある一方、債務者の手続違背に対する制裁が30万円以下の過料と罰則が弱いことから、財産開示期日において債務者から財産状況について陳述を得るには制度的な限界があることなどが挙げられていた。

そのため、平成15年法改正で創設された財産開示制度のままでは、民事執行手続による権利実現過程を強化することで民事司法制度に対する国民の信頼を確保するという制度創設当初の目的を達することは困難であり、このような目的を達するには財産開示手続を債権者にとって使い勝手の良いものとし、より強制執行の実効性を確保するのに資する制度にあらためる必要があるとの声が高まっていた[3]。

このような背景を踏まえ、債務者財産状況の調査に関する制度の実効性を向上させる観点から、制度全般の見直しが必要であると考えられるようになり、法務大臣より諮問を受けた法制審議会民事執行法部会において、民事執行法制全般の見直しに向けた検討が行われることとなった。

---

3) 司法統計によれば、民事事件の事件数は、平成15年改正法が施行された平成16年には3,172,564件であったところ、その後ほぼ一貫して減少傾向にあり、平成29年は1,529,382件と半分以下の件数に減少している。このような傾向は、民事裁判制度が国民に使いやすい制度に必ずしもなっていないことを反映しているものとも考えられる。

Q2

　債務者に対する財産開示手続に関する改正法の概要はどのような
ものか。

A

　民事執行制度の実効性を強化する観点から、債務名義の種類によって申
立権を制限する規定が撤廃され全ての債務名義について申立権が認められ
たほか、債務者の手続違背に対する罰則の強化が図られ、懲役刑6月ま
たは50万円以下の罰金の刑事罰が科されることとなった。

〔解　説〕

1　改正前の債務者に対する財産開示手続

(1)　制度創設時の検討状況

　債務者に対する財産開示手続は、一定の債務名義を有する債権者また
は一般の先取特権者の申立てにより、執行裁判所が債務者を呼び出して
財産開示期日を開き、財産開示期日において、債務者に自らの財産につ
いて陳述をさせることで財産状況を開示させる手続であり、平成15年
改正法において創設された手続である。

　債務者に対する財産開示手続は、債務者に自らの財産を陳述させ財産
状況を開示させることによって、債権者による強制執行の実効性を確保
しようとする手続であるが、財産開示手続が実施され、いったん債務者
財産に関する情報が開示されてしまうと、その後に債権者の権利の存在
が否定されるに至った場合であっても、情報の開示がなかった状態に戻
すことは不可能であることなどから、債務者のプライバシーや営業秘密
等に対しても一定の配慮が必要とされる。また、財産開示手続は、債務
者に自らの財産状況の開示を義務をもって強制させるものであることか
ら、債務者が実際にも弁済のための十分な財産を有していない場合に、

無用の心理的負担をかける結果となることや、一部の悪質な金融業者による過剰な取立の手段として濫用されるおそれがあることなどから、制度を創設するにあたっては、債務者に対しても一定の配慮が必要と考えられた。

　そのため、新たな制度として創設された債務者に対する財産開示手続は、以上のような問題点を踏まえ債務者の利益にも十分に配慮をした謙抑的な制度として設計され、その後の運用状況等をふまえ、より強力な制度に改めることが想定されていたとの指摘もなされていた[1]。

(2)　申立てに必要とされる債務名義の範囲

　旧法において申立権を有する債権者は、一定の債務名義または一般の先取特権を有する者とされていたところ、仮執行宣言付判決や執行証書などについては申し立てができる債務名義から除外されていた（旧法197条1項柱書き）。

　これは、上記したように財産開示手続により債務者財産に関する情報がいったん開示されてしまうと、その後に債務名義の対象となっている権利の存在が否定されることになったとしても、情報が開示されなかった状態に回復させることが不可能であることなどが考慮され、債務名義のうち暫定的な裁判所の判断である仮執行宣言付きのもの（法22条2号、3号の2、3号の3、4号）や、誤った執行がなされた場合であっても後に回復することが可能であることを理由として金銭債権に限って債務名義性が認められている執行証書（同条5号）および確定判決と同一の効力を有する支払督促（同条7号）は、財産開示手続の申立てができる債務名義の範囲から除外されていたことによるものである。

(3)　手続違背に対する罰則

　財産開示実施決定がなされた場合、債務者に対しては、旧法においても財産開示期日への出頭義務や、同期日における陳述義務等が課されていたが（旧法199条1項）、債務者が正当な理由なく財産開示期日に出頭

---

1)　第1回議事録8頁〔松下淳一委員〕。

せず、または陳述すべき事項を陳述しないなどの手続違反をした場合であっても、債務者に対して刑事罰は科されることはなく、30 万円以下の過料の制裁に処されるのみとされていた（旧法 206 条 1 項）。しかし、もともとその対象が金銭債務の履行を怠っている者であることに鑑みれば、刑事罰ではない過料という金銭的な罰則のみでは、制裁として弱いとの指摘がなされていた。

2　債務者の財産状況の調査に関する手続の改正の概要

⑴　改 正 点

　以上のように、債務者に対する財産手続は新設された制度として債務者の利益にも配慮をした謙抑的な制度とされたことなどから、改正前は必ずしも十分な実効性を有する制度とはいえず、その機能が十全に発揮されていないとの指摘がなされていた[2]。

　かかる状況を踏まえ、債務者の財産状況の調査に関する制度については、上記したような債務者の利益にも配慮しつつ、民事執行手続の実効性を向上させるという観点から、申立てに必要な債務名義の種類の拡大と債務者の手続違背に対する罰則強化という改正が行われた。

⑵　債務者に対する財産開示手続の改正の概要

　以上のような問題点を踏まえ、改正法では、つぎの 2 点について債務者に対する財産開示手続の改正が行われた。

ア　申立てに必要とされる債務名義の種類の拡大[3]

　上記したとおり、改正前、債務名義を有する債権者であっても、有する債務名義が仮執行宣言付判決、仮執行宣言付支払督促または執行証書等であるときは、申し立てをすることができる債権者から除外されてい

2）　詳細は Q1 の解説を参照。
3）　詳細は Q4 の解説を参照。

たが、改正法では仮執行宣言付のものや執行証書等の債務名義を有する債権者についても財産開示手続の申立権が認められるようになった（法197条1項柱書）4)。

イ　手続違背に対する罰則の強化5)

上記したとおり、旧法においては、債務者による手続違背に対しては刑事罰は科されずに、30万円以下の過料に処されるのみであった（旧法206条1項）が、改正法では、6月以下の懲役または50万円以下の罰金の刑事罰が科されることとなった（法213条1項5号、6号）6)。

4)　執行証書に関しては、一部の悪質な貸金業者による濫用が懸念され、財産開示手続の申立権を認めることに反対する意見もあったが、これに対しては、貸金業法改正により、貸金業者が債務者等から執行証書の作成に関する委任状を取得することを全面的に禁じる措置が講じられている上、昨今では離婚した夫婦間の養育費の支払を確実にするために執行証書の活用が推奨されるなど、平成15年当時と執行証書の活用をめぐる社会状況の変化がみられることや、債務名義として強制執行を申し立てることが認められているにも関わらず、執行証書のみを財産開示を申し立てることができる債務名義から除くことに合理的な根拠がないことなどから、執行証書についても財産開示手続の申立権が認められることとなった。

5)　詳細はQ5の解説を参照。

6)　民事執行手続の妨害に対する刑事罰としては、このほかに強制執行を妨害する目的で、強制執行を受けるべき財産を隠匿するなどの行為を処罰するもの（刑法96条の2等。3年以下の懲役もしくは250万円以下の罰金、またはこれらの併科）がある。また、破産手続においては、破産者（債務者）が、その所有する不動産、現金等の財産の内容を記載した書面を裁判所に提出しなければならないとされているところ、この手続違背（書面の提出拒絶、虚偽の書面の提出）は、刑事罰の対象とされている（破産法41条、269条。3年以下の懲役もしくは300万円以下の罰金、またはこれらの併科）。

Q3

　債務者に対する財産開示手続の改正にあたっては、改正された項目のほかに、手続の実効性向上のため、どのような項目が検討されたのか。

A

　法制審議会民事執行法部会の審議においては、改正された項目である申立権を有する債務名義の拡大や罰則強化のほかにも、債務者に対する財産開示手続を、より利用しやすく強力な制度にするという観点から、①実施要件の緩和に関するものとして、先に実施した強制執行の不奏功等の要件や、財産開示手続が実施された後3年以内は原則として再実施ができないとされている再実施制限の見直しの是非、②債務者の陳述義務の内容に関するものとして、過去に処分された財産に関する情報の開示について陳述義務を課すことの是非、③罰則の強化に関するものとして、開示情報の目的外利用に対する罰則の強化の是非についてなど幅広い検討が行われたが、いずれも改正は見送られた。

【解　説】

1　財産開示手続の実施要件の緩和

(1)　先に実施した強制執行の不奏功等要件の検討

　財産開示手続の申立てをするための要件として、①強制執行または担保権の実行における配当等の手続（申立ての日より6か月以上前に終了したものを除く）において、申立人が当該金銭債権（執行力のある債務名義の正本による場合）または被担保債権（一般の先取特権による場合）の完全な弁済を受けられなかったこと、または②知れている財産に対する強制執行を実施しても、申立人が当該金銭債権の完全な弁済を得られないことの疎明があったこと、のいずれかが必要とされている（不奏功等要

件。法197条1項、2項各号）。

　かかる不奏功等要件は、財産開示手続が債務者のプライバシーや営業秘密等に属する事項の開示を強制するものであることから、この手続を行う必要性がある場合に限り、手続を実施することができるのが相当であるとの考え方に基づき必要とされている。しかし、これらの要件については、その立証が必ずしも容易ではなく、結果として制度の利用を躊躇させる要因になっているとの指摘がなされていた[1]。

　かかる指摘を踏まえ、中間試案においては、不奏功等要件を廃止し、つぎのような規律を設けるという考え方が示されていた。

① 　強制執行を開始するための一般的な要件が備わっていれば、財産開示手続を実施することができるものとする。

② 　申立人に知れている財産に対する強制執行を実施すれば、請求債権の完全な弁済に支障がないことが明らかであるときは、執行裁判所は、債務者の申立てにより、財産開示手続の実施決定を取り消さなければならないものとする。

③ 　強制執行または担保権の実行における配当等の手続（申立ての日より6月以上前に終了したものを除く）において、請求債権の完全な弁済を得ることができなかったときは、②の取消決定をすることができないものとする。

　しかし、不奏功等要件の立証が必ずしも容易ではないとの指摘に対しては、現行法の運用においては、債務者の住所地の不動産登記簿などを提出させる程度でその疎明としては足りると判断をしていることが多く[2]、この要件で却下されている例はほとんどないとされている[3]、などの反論がなされていた。

---

1) 　②の「知れている財産に対する強制執行（担保権の実行）を実施しても、申立人が当該金銭債権の完全な弁済を得られないことの疎明」に関しては、「知れている財産」を、「受働的に知っている財産のみでなく、債権者が通常行うべき調査を行って知れている財産」と解する裁判例（東京高決平成17年4月27日公刊物未登載）があり、これを前提とすれば財産開示手続の申立てにあたって、債権者には債務者財産に関する能動的な調査が求められることになる。

2) 　第2回議事録16頁〔餘多分宏聡幹事〕。

3) 　第2回議事録18頁〔餘多分宏聡幹事〕。

　かかる実務の状況を踏まえれば、現在の実務の運用においては、立証が容易ではないとの指摘は該たらないとされ、不奏功等要件を緩和する改正は見送られた。

(2)　再実施要件緩和の検討

　財産開示手続の申立てがなされた日より前の 3 年以内に財産開示手続が実施された債務者に対しては、原則として財産開示手続を実施する旨の決定をすることができないとされている（法 197 条 3 項柱書き）[4]。

　この再実施要件は、財産開示手続の実施に伴う債務者の負担をできる限り少なくする趣旨で設けられているが、今日では資産状況の変動の頻度が高まっているなどとして、再実施がより柔軟に許されるように改めるべきとの指摘があり、その期間を短縮することや、再実施要件を廃止した上で、「申立人がその金銭債権の完全な弁済を得るに十分な債務者の財産を容易に探すことができると認められるなど正当な理由がないとき」には財産開示手続の実施を認めないとの規律に改めるなどの議論がなされた。

　しかし、再実施が必要とされる場面としては、先行する財産開示手続において判明した財産に対する強制執行が行われたにも関わらず完済に至らなかった場合が想定されるところ、そのような債務者が頻繁に財産を取得することは一般的に想定しにくく、また現行法においても、債務者が当該財産期日後に新たな財産を取得した場合などには、期間制限を受けることなく再実施を申し立てることができるとされている（法 197条 3 項 1 号〜3 号）ことなどを踏まえ、再実施要件の緩和に関する改正は行われなかった。

---

4)　自ら申し立てた場合に限らず、第三者により財産開示手続が実施された場合にも再実施することは許されない。この場合、債権者は第三者が行った財産開示手続の記録を閲覧等をすることで債務者財産の状況を把握することになる（法 201 条 2 号、3 号）。

2 債務者の陳述義務の内容の検討

　財産開示手続において債務者に課されている陳述義務は、財産開示期日における陳述時点において債務者が有する積極財産に対してのみであるが、過去の一定期間内に処分された財産に関する情報についても陳述義務を負わせるべきとの指摘があり、検討がなされた。これは詐害行為取消権によってその処分が取り消されれば強制執行の対象となり得ることなどを踏まえての指摘であったが、このような情報を陳述義務の範囲に含めることは、強制執行の準備手続としての財産開示手続の目的を超えるものとなり、また現行の財産開示手続においても、財産開示期日において、現在の債務者の財産状況に関する陳述の正確性を担保すること等の目的で、過去の財産に関する質問等をすることは可能であり（法199条3項、4項）、現行法においても対応可能であることなどから、陳述義務の内容に関する改正は行われなかった。

3 目的外利用に対する罰則強化の検討

　財産開示手続において得られた債務者の財産または債務に関する情報は、当該債務者に対して有する債権をその本旨に従って行使する目的以外の目的に利用し、または提供してはならないものとされており（旧法202条1項、2項）、この規定に違反した者に対しては、30万円以下の過料の罰則が科されることとされている（旧法206条2項）。

　これに対しては、改正法において、債務者の手続違背に対して、懲役刑を含む刑事罰が科されることになったことに併せて、罰則を強化することの検討がなされた。しかし、債務者の手続違背と異なり、これまで開示情報が目的外利用された事案があったなどの指摘等はなく、改正の必要性は乏しいと解されたことから、この点に関する改正は行われなかった。

Q4

　債務者に対する財産開示手続に関して、申立権を有する債権者の範囲については、どのような改正がなされたのか。

A

　申立権を有する債権者の範囲については、改正前は、仮執行宣言付の裁判や執行証書、仮執行宣言付支払督促は申し立てることのできる債務名義から除外する規定が設けられていたが、改正法では、かかる除外規定を撤廃し、金銭債権についての強制執行の申立てに必要とされる債務名義を有する債権者であれば財産開示手続の申立てをすることができることとされた。

〔解　説〕

1　申立てに必要とされる債務名義の種類の拡大

(1)　改正の概要

　債務者に対する財産開示手続において申立権を有する債権者は、一定の執行力を有する債務名義を有する債権者または一般の先取特権を有する債権者である。

　改正前は、財産開示手続により債務者財産に関する情報が開示された後に債務名義の執行力が否定された場合、開示前の状態に復することができないことを考慮して、債務名義のうち、暫定的に執行力が付与されているに過ぎない仮執行宣言付判決（法22条2号）、仮執行宣言付損害賠償命令（同条3号の2）、仮執行宣言付届出債権支払命令（同条3号の3）および仮執行宣言付支払督促（同条4号）と、誤った執行がなされても回復が容易であることを理由に金銭の支払を目的とするものである場合に限って債務名義として認められている執行証書（同条5号）および確定判決と同一の効力を有する支払督促（同条7号）については、債務

者に対する財産開示手続を申し立てることができる債務名義から除外されていた。

　これに対し、改正法は、かかる除外規定を撤廃した。これにより、改正法においては、全ての執行力のある債務名義を有する債権者に財産開示手続の申立権が認められることとなった（法197条1項柱書）。

(2)　申立権が認められる債権者

1)　債務名義を有する債権者（1項）

　債務名義とは、私法上の給付請求権の存在と内容を表示した文書で、それにより強制執行を行うことができるものをいい、具体的な債務名義の種類については民事執行法22条に列挙されている。

①　確定判決（1号）[1]

②　仮執行宣言付判決（2号）

③　抗告によらなければ不服を申し立てることができない裁判（3号）[2]

④　仮執行宣言付損害賠償命令（3号の2）[3]

⑤　仮執行宣言付届出債権支払命令（3号の3）

⑥　仮執行宣言付支払督促（4号）

⑦　訴訟費用額・執行費用額の確定処分（4号の2）

⑧　執行証書（5号）[4]

⑨　確定した執行判決のある外国判決（6号）

⑩　確定した執行決定のある仲裁判断（6号の2）

⑪　確定判決と同一の効力を有するもの（7号）[5]

---

1)　控訴や上告、異議等の申立てによって取り消される余地のなくなった判決のことである（民訴法116条参照）。

2)　不服申立方法が抗告である決定、命令、家事審判をいう。代替執行の費用前払決定（法171条4項）や間接強制の金銭支払決定（法172条1項）などがこれにあたる。

3)　犯罪被害者保護法に基づく損害賠償命令について仮執行宣言が付されたものである（犯罪被害者保護法32条1項、2項）。

4)　執行認諾文言付公正証書などがこれにあたる。

2）　一般の先取特権を有する債権者（2 項）

　一般の先取特権は、法律で定められた一定の債権を有する債権者が、債務者が有する総財産から他の債権者に優先して自己の債務の満足を受けることができることが認められた法定担保権をいい、その存在を証する文書を提出することで強制執行の申立てをすることが認められている（法 181 条 1 項 4 号、193 条 1 項等）。かかる一般の先取特権を有する債権者が、債務者の資産に関する情報を有していない場合に強制執行を申し立てることができない点は、執行力のある債務名義を有する債権者と同じである。そのため、一般の先取特権を有する債権者に対しても、財産開示手続の申立権が認められており、改正法においてこの点変更されていない。

2　金銭の支払を命ずる仮処分

(1)　問題の所在

　上記したとおり、改正法においては、財産開示手続の申立てに必要とされる債務名義の種類が拡大され、全ての債務名義を有する債権者に申立権が認められるようになった。その結果、改正法の下では、債務名義とみなされる民事保全法に基づく金銭の支払を命ずる仮処分[6]（民保法 52 条 2 項等）に基づいても財産開示手続の申立てをすることができるようになった。しかし、保全執行については、債権者に対して保全命令が送達された日から 2 週間を経過したときは保全執行をすることができないとされている（民保法 43 条 2 項）ことから、かかる期間制限と財産開示手続の実施との関係や財産開示後の強制執行の実施との関係について問題となる[7]。

---

5)　法令の定めにより、確定判決と同一の効力を有することとされているものをいい、和解調書（民訴法 267 条）、認諾調書（民訴法 267 条）、破産債権者表（破産法 124 条 3 項、221 条 1 項）などがこれにあたる。

6)　たとえば、賃金仮払の仮処分や婚姻費用仮払の仮処分など。

(2) 財産開示手続の実施との関係

　保全執行の期間遵守に関しては、債権者に保全命令が送達されてから2週間以内に「執行の着手」があれば足り、執行が完了するまでは要しないと一般に解されていることから、財産開示手続においてどのような行為があれば「執行の着手」があったといえるのかが問題となる[8]。この点に関しては、①仮処分に基づく財産開示手続の申立てがなされた時点とする考え方と、②財産開示手続の実施決定が債務者に発送された時点とする考え方があり得るが、①の考え方に従い、債権者に保全命令が送達された日から2週間以内に財産開示手続の申立てをすれば足りるものと解される[9][10]。

(3) 財産開示手続実施後の強制執行の実施との関係

　保全命令に基づき財産開示手続が実施された後、これにより判明した財産に対して強制執行をする場合、通常、財産開示手続を行っている間に2週間の期間が経過してしまうことになると考えられる。

　仮に財産開示手続により判明した財産に対して強制執行を行う場合も債権者に対する保全命令の送達から2週間以内に着手する必要があると考えると、債権者は、あらためて判明した財産に対して仮差押えを行う

　7）　この問題に関しては、法制審議会民事執行法部会の審議において、立法で手当てすべきという意見も出されたが、最終的には民事保全法の解釈に委ねることとされ、立法上の手当てはなされなかった。

　8）　各種保全命令において、どのタイミングで「執行の着手」があったといえるのかについては、たとえば、①不動産仮差押命令の執行については、保全執行裁判所が仮差押えの登記の嘱託を発した時、②債権仮差押命令の執行については、保全執行裁判所が第三債務者に対して仮差押命令を発した時、③動産仮差押命令については、執行官が目的物の差押えや捜索等の強制行為に出た時、に「執行の着手」があったと解釈されている。

　9）　この考え方に関しては、保全執行として代替執行や間接強制を実施する際には、申立てから授権決定等の発令までに一定の期間を要するのが通常であることを考慮して、授権決定等の申立てがあったときに「執行の着手」があったと解釈されていることが参考になるとの指摘がなされている（部会資料19－2・2頁）。

　10）　東京地裁・大阪地裁では、これと同様の考え方に基づき運用されることとされている（劔持20頁）。

か、再度、金銭の支払を命ずる仮処分を得た上で強制執行を行うしかない
が、債権者に二重の対応を強いる結果となり妥当な結論とは解されない。財産開示手続は、もともと強制執行の準備手続と位置付けられ、あくまで強制執行に向けられた手続であることに鑑みれば、財産開示手続において判明した財産に対して行う強制執行は、財産開示手続と連続した実質的に一体のものと評価することは可能と解される。したがって、このような評価ができる場合には、債権者への保全命令の送達から 2 週間以内に財産開示手続に着手していれば、その後の強制執行手続についても着手がなされているものとして、強制執行の申立ての時点においては 2 週間の期間制限を考慮する必要はないものと解される[11]。

---

11)　東京地裁・大阪地裁では、1 個の保全執行と認められる場合には、債務者への保全命令の送達から 2 週間が経過していても、強制執行を許容することとしたとされており、1 個の保全執行と認められるかどうかは、個別具体的な事案において判断されることになる（劒持 20 頁）。

Q5

改正法においては、債務者による財産開示の手続違背に対する罰則について、どのような改正がなされることになったのか。

A

債務者による財産開示の手続違背（不出頭、宣誓拒絶、陳述拒絶、虚偽陳述）について、旧法では30万円以下の過料の制裁に処されることとされていたが、改正法では6月以下の懲役または50万円以下の罰金に処されることとされた。

【解　説】

1　罰則の強化

(1)　罰則強化に関する検討の概要

旧法206条1項は、財産開示手続に違背した開示義務者に対し30万円以下の過料の制裁に処されることとされていたが、制裁として弱く財産開示手続の実効性が不十分とされる原因の一つとして指摘されていた。

そのため、法制審議会民事執行法部会における審議においても、手続違背に対する罰則を強化するという方向性について概ね異論はなかったが、罰則強化の対象とすべき手続違背の範囲や強化する罰則の内容、特に懲役刑を科すことの是非について検討が行われた。

(2)　罰則強化の対象とすべき手続違背の範囲

財産開示手続の手続違背には、財産開示期日への不出頭、財産開示期日における宣誓拒絶、陳述拒絶および虚偽陳述があるが、この中で虚偽陳述の場面が特に違法性が高いとの評価を前提に、これに限って刑事罰を科すこととすべきであるとの意見があった。これに対しては、不出頭

等への罰則強化をしなければ、かえって不出頭を誘発することになりかねないとの反論や、債権者が債務者の財産に関する正確な情報を取得できないという意味においては不出頭の場面も虚偽陳述の場面も同じであり、違法性に差がないとの意見があり、全ての類型の手続違背について罰則強化の対象とされることとなった。

(3)　罰則の内容

　前記したとおり、旧法における手続違背に対する罰則は、刑事罰ではない 30 万円以下の過料というものであったことから、罰則強化の方向としてまず刑事罰を科すことが検討された。この点、刑事罰として罰金刑を科すことについては異論は見られなかったものの、さらに懲役刑をも設けるべきであるとする点については、財産開示手続における手続違背の違法性は必ずしも強くないとの認識を前提に、罪刑の均衡という観点から慎重な検討を求める見解もあった。しかし、ここで念頭に置かれている債務者が金銭債務の履行を怠っている者であることを踏まえると、金銭的な罰金刑だけでは債務者に対する十分な威嚇とはならないと考えられ、財産開示手続の実効性を向上させるという改正の趣旨を踏まえれば、懲役刑を科すべきとの主張がなされた。

　このような議論を踏まえ、改正法では、不動産競売手続の現況調査において執行官への陳述を拒んだこと等に対する陳述等拒絶罪と同じ規律に服するものとして、6 月以下の懲役または 50 万円以下の罰金の刑事罰が科されることとされた（法 213 条 1 項 5 号、6 号）。

(4)　その他の議論

　手続違背に対し刑事罰を科すとの考え方のほかに、罰則の強化に関しては、ドイツにおける制度などを参考にして、間接的な強制手段として開示義務者の身体拘束を行うことができるとする制度[1]を創設するという考え方や、手続に違反した者等について、裁判所が名簿を作成した上

---

1)　民事訴訟手続においては、証人尋問の際に証人の出頭を確保するために証人を拘引することができるとされている（民訴法 194 条 1 項）。

で登録をする制度2)を創設するとの考え方も示されたが、改正法におい
てはいずれも採用されなかった。

2 改正法への対応

(1) 構成要件

　罰則が適用される対象は、正当な理由なく、執行裁判所の呼出しを受
けた財産開示期日に出頭せず、もしくは宣誓を拒んだ開示義務者（法
213条1項5号）、または財産開示期日において宣誓をしたのに陳述すべ
き事項について陳述をせず、もしくは虚偽の陳述をした開示義務者（同
項6号）である。

　この点、開示義務者とは、債務者（債務者に法定代理人がある場合に
あっては当該法定代理人、債務者が法人である場合にあってはその代表者）
をいう（法199条1項、198条2項2号）。

　また、罰則の適用にあたっては、「正当な理由なく」という要件があ
ることから、「正当な理由」の有無が問題となる。たとえば、開示義務
者が病気のため入院をしている場合や交通機関の故障により裁判所に出
頭することができない場合などは、「正当な理由」が認められることが
多いと解されるが、守秘義務を主張して陳述を拒む場合には、具体的な
状況に応じて「正当な理由」の有無が判断されることになると解され
る3)。

---

　2)　ドイツの制度では、債務者が財産情報の申告義務を履行しなかった場合には、
　　執行官が債務者を債務者名簿に登録することを命ずることとされ（ドイツ民事
　　訴訟法882 c条1項）、強制執行の目的等のためにこの名簿の閲覧を必要とする
　　者は、これを閲覧することができる（同法882 f条）とされている（部会資料2・
　　8頁）。
　3)　虚偽陳述をすることに「正当な理由」を想定することはできず、虚偽陳述に
　　おいては構成要件には含まれない（内野ほか(1)40頁）。

(2)　告訴・告発

　旧法における過料の制裁は刑事罰でなかったことから、制裁の発動は非訟事件手続法の定めに基づき行われており、従前の実務においては、債権者から過料の制裁の発動を求める上申書が提出されれば、ほとんどの場合において開示義務者に対し過料の制裁が科されていた[4]。

　これに対し、改正法においては刑事罰が科されることになったことから、制裁の発動についても、刑事訴訟手続に基づき行われるため、検察官や司法警察員などの捜査機関による捜査が行われ、検察官による公訴提起を経て、刑事裁判において有罪判決が下されなければならない[5]。捜査が行われるためには、実務的には債権者において捜査機関に対し、処罰を求める意思表示である告訴ないし告発を行う必要があり、通常は証拠とともに告訴状ないし告発状を提出して行うことになる（書式参照）。

(3)　罰則の適用

　開示義務者の手続違背が改正法施行日前に行われていた場合、刑事罰の遡及適用はできないことから、「施行日前にした行為に対する罰則の適用については、なお従前の例による。」（法附則7条）とされている。

【書式】

```
　　　　　　　　　　　告　発　状
　　　　　　　　　　　　　　　　　　令和○年○月○日
○○地方検察庁　検事正　　殿

　　　　　　　　　　東京都港区虎ノ門○丁目○番○号○○ビル
　　　　　　　　　　　告発人代理人弁護士　　甲　野　太　郎
告　発　人　住　所　東京都千代田区丸の内○丁目○番○号
```

---

4)　第14回議事録18頁〔成田晋司幹事〕。

5)　公訴提起に関しては、起訴便宜主義が採られ（刑事訴訟法248条）、検察官に広範な裁量権が与えられていることから、情状などにより起訴猶予処分がなされるなど、旧法時代に比べ実際に制裁が発動されない場面が増える可能性がある。

　　　　職　業　会社役員

　　　　氏　名　乙川次郎

　　　　　　　　昭和○年○月○日生

　　　　電　話　03（1234）5678

　　　　Ｆ Ａ Ｘ　03（1234）5679

被告発人　住　所　東京都千代田区霞が関○丁目○番○号

　　　　職　業　会社員

　　　　氏　名　丙田三郎

　　　　　　　　昭和○年○月○日生

第1　告発の趣旨

　被告発人の第2記載の行為は、民事執行法第213条第1項第5号の陳述等拒絶の罪に該当するので、被告発人の厳重な処罰を求めるため告発する。

第2　告発事実

　告訴人は、被告発人（昭和○年○月○日生）を債務者とする執行力のある債務名義の正本（東京地方裁判所平成○年（ワ）○号損害賠償請求事件判決）を有する債権者であるところ、令和○年○月○日、被告発人を債務者として、東京地方裁判所に財産開示手続を申立て、同月○日、同庁において同手続の実施決定が発令されたが（東京地方裁判所令和○年（財チ）第○号）、債務者は、同年○月○日○時に指定された同事件の財産開示期日に、執行裁判所である同庁からの呼出しを受けたにも関わらず、正当な理由なく、同財産開示期日に出頭しなかったものである。

第3　立証方法

1　財産開示手続申立書

2　実施決定正本

3　期日指定書写し

4　財産開示期日呼出状兼財産目録提出期限通知書写し

5　送達報告書写し

6　財産開示期日調書謄本

Q6

　債務者の財産状況の調査に関する手続の改正において、あらたに
債務者以外の第三者に債務者財産の情報提供を求めることを可能と
する手続が設けられたが、制度の創設にあたってはどのような検討
が行われたのか。

A

　改正法においては、債務者に対する財産開示手続を強化する改正が行わ
れたが、民事執行制度の実効性を向上させるという法改正の目的を達する
ためには、債務者以外の第三者に債務者財産の情報提供を求める制度を設
ける必要があるとの認識が強まったことを踏まえ、登記所が有する不動産
に関する情報、市町村等が有する給与債権（勤務先）に関する情報、なら
びに金融機関等から情報提供を求めることを可能とする制度として、銀行
等が有する預貯金債権に関する情報および振替機関等が有する振替社債等
に関する情報、について情報提供を求めることを可能とする制度が創設さ
れた。

〔解　説〕

1　制度創設の経緯

(1)　平成15年法改正時の議論

　第三者に債務者財産に関する情報の提供を求めることを可能とする手
続は、一定の債務名義を有する債権者または一般の先取特権者の申立て
により、執行裁判所が債務者以外の第三者に対して、債務者の財産に関
する情報の提供を命ずる旨の決定をし、当該第三者が執行裁判所に対し
て、当該情報の提供を行うというものである。このような債務者以外の
第三者から債務者財産の情報を取得する制度は、今回の法改正であらた
に設けられたものであるが、債務者に対する財産開示手続が創設された

平成 15 年法改正の際にも、同様の制度を創設することについて検討がなされていた。しかし、個人情報保護の観点から第三者から情報提供を受けることについて問題があると考えられた一方、情報提供をする第三者として想定される金融機関における当時の情報管理体制を前提とすると、十分な情報提供が受けられず制度を創設するメリットに乏しいと考えられたことなどから、平成 15 年法改正においては、かかる制度の創設は見送られた。

(2) 制度創設の必要性

しかし、平成 15 年法改正において創設された債務者に対する財産開示手続は、制度創設当初から申立件数が低迷し、特に直近 10 年は一貫して減少していたことや、財産開示手続が平成 29 年においては既済件数が 681 件であったのに対し、実際に債務者の情報が開示された件数は 253 件に過ぎないことなど、その実効性は必ずしも十分ではないと指摘されていた[1]。

そこで、改正法においては、申立可能な債務名義の拡大や罰則強化など債務者に対する財産開示手続を強化することとされたが、もともと債務者に対する財産開示手続は、債務者の財産状況に関する情報を自ら開示させる手続であるという制度自体に内在する問題点があることから、かかる制度を強化したとしてもなお、債務者がこれに応じないという事態は十分に想定される。そのため、債務者の財産状況の調査に関する制度を強化することにより民事執行制度の実効性を強化するという今回の法改正の目的を達するためには、債務者以外の第三者から債務者の財産状況に関する情報を取得する新たな制度が必要との認識が強まっていた。

加えて、平成 15 年当時に問題点として指摘されていた銀行等の情報管理システムに関しても、現在は本店に照会をすれば、その金融機関の全ての支店で取り扱われている債務者の預貯金に関する情報を包括的に検索して回答することができる仕組みが確立されるなど情報提供を求め

1) 詳細は、Q1 の解説を参照。

る第三者として想定される金融機関や公的機関における情報の管理体制をめぐる状況が変化したことなどをふまえると、第三者に債務者の財産状況に関する情報の提供を過度の負担なく求めることが可能となる社会的基盤が整ったものと考えられる。

　以上のような平成 15 年以降の社会状況の変化も踏まえ、新たに債務者以外の第三者に債務者財産に関する情報の提供を求めることを可能とする手続を創設する法改正が行われることとなった。

2　制度の対象となる第三者および情報の範囲の検討

(1)　検討の概要

　制度を創設するにあたって、対象となる第三者および情報の範囲をどのようなものにするのかについては、法制審議会民事執行法部会における審議において、本制度により第三者から情報取得をする必要性があることを前提に、開示を受ける情報に債務者の個人情報等が含まれることの配慮や回答に要する事務負担や第三者の対応能力などを勘案して、第三者に情報提供を求める対象とすることが許容されるか否かという観点から検討が行われた。

(2)　保険会社等から生命保険契約解約返戻金請求権に関する情報を取得する制度の検討

　法制審議会民事執行法部会の審議においては、情報提供を求める第三者および情報の範囲として、生命保険会社や一般社団法人生命保険協会から債務者の保険会社に対する生命保険契約解約返戻金請求権に関する情報を対象として含めることも検討された。しかし、現在の民事執行実務においては、保険契約者の氏名、生年月日、住所等の契約者情報のほか、保険の種類を限定すれば、保険証券番号を特定することができなくても、その保険証券番号や契約年月日の先後などで順位付けする方式により、解約返戻金等請求権（ただし満期前のものに限る）についての債権差押命令の申立てを許容する運用例があり、債権執行の申立てにあたっ

て保険契約の内容等を厳密に特定する必要がないとされている[2]。したがって、現行制度においても債権者は探索的な形で債権執行の申立てが可能で、各保険会社に情報提供を求める制度を設けるメリットは大きくないと考えられる。他方、解約返戻金等請求権が差し押さえられた場合、債務者の生活維持に重大な支障を来す可能性があることなどが指摘され、保険会社等から生命保険契約解約返戻金請求権に関する情報を取得する制度の創設は見送られた[3]。

(3)　情報提供を求める対象となる第三者および情報の範囲

　以上のような審議を踏まえ、改正法において情報提供を求める対象となる第三者および情報の範囲は、①登記所が保有する債務者の不動産に関する情報（法205条1項）、②市町村や厚生年金保険の実施機関等が保有する債務者の給与等に関する情報（法206条1項）、ならびに金融機関等から情報提供を求める手続（法207条1項）として、③銀行等が保有する債務者の預貯金に関する情報（1号）および④振替機関等が保有する債務者の振替社債等（2号）に関する情報とされた（下図参照）。

情報提供義務を負う第三者	提供される債務者情報	根拠条文
登記所	不動産に係る情報	法205条1項
市区町村、日本年金機構等	給与債権に係る情報	法206条1項
銀行等	預貯金債権に係る情報	法207条1項1号
振替機関等	振替社債等に係る情報	法207条1項2号

2)　部会資料2・12頁。なお、東京高決平成22年9月8日金法1913号92頁参照。
3)　このほかに、情報提供を求める対象となる第三者および情報の範囲を制限しない考え方や情報提供を求める第三者および情報として、陸運局から債務者が所有する自動車に関する情報、事業会社から債務者が有する売掛金に関する情報などについて制度を創設することを求める意見もあったが、いずれも制度を創設することの必要性や第三者の負担などが考慮された結果、創設は見送られた。

Q7

　第三者からの情報取得手続については、どのような手続の流れに
なっているのか。

A

　第三者からの情報取得手続は、執行裁判所が、申立権を有する債権者か
らの申立てにより、第三者に対して情報の提供を命ずる旨の決定を発令
し、当該決定において情報の提供を命じられた第三者は、執行裁判所に対
して、当該情報を書面で提供しなければならず、第三者から情報の提供を
受けた執行裁判所は、債権者に対して、当該第三者から提出のあった回答
書の写しを送付する。ただし、第三者が直接申立人の回答書の写しを送付
した場合には、執行裁判所から債権者に対する回答書の写しの送付はなさ
れない。また、第三者から情報提供がなされた場合には、執行裁判所は、
債務者に対し、当該情報の提供がなされたことを通知する。

〔解　説〕

1　管　轄

　第三者からの情報取得手続を管轄する裁判所は、第一次的には、債務
者の普通裁判籍の所在地を管轄する地方裁判所であるが、この普通裁判
籍がないときは、債務者の財産に関する情報の提供を命じられるべき第
三者の所在地を管轄する地方裁判所である（法 204 条）。
　これは、第三者からの回答に関する部分の閲覧等の請求（法 17 条、
209 条）の便宜を考慮し、第一次的には、債務者の普通裁判籍の所在地
を管轄する地方裁判所に集約することとされ、また債務者の普通裁判籍
がない場合に第三者からの情報取得手続を申し立てることができないと
するのは不合理であることから、法 144 条 1 項の規律を参考に、補充的
に情報提供を命じられるべき第三者の所在地を管轄する地方裁判所を第

二次的な管轄裁判所としたものである。

2　申　立　て

　第三者からの情報取得手続の申立ては、書面により行わなければならない（規則1条)[1]。

3　申立てに必要な費用等

(1)　手　数　料
　第三者からの情報取得手続の申立てにあたっての申立手数料は、1回の申立てにつき1,000円である（民事訴訟費用等に関する法律3条1項、別表第1の16イ）。第三者からの情報取得手続の申立ては、1回の申立てで複数の第三者から情報の提供を求めることも可能であるが、その場合の申立手数料も1,000円で足りると考えられる。

(2)　予納郵券
　第三者からの情報取得手続の申立てにあたっては、決定書等の郵送に必要な郵券を納める必要がある（法14条1項、民事訴訟費用等に関する法律11条1項1号）。予納する郵券の種類および金額については、提供を求める情報の種類や第三者の数に応じて変わりうるが、執行裁判所の運用により定められることになる。

(3)　第三者に対する報酬
　第三者からの情報取得手続において情報提供を命じられた第三者のうち、銀行等または振替機関等（法207条1項）が情報提供をした場合、

---

　1)　申立書の記載事項、ならびに提出すべき証拠書類および添付書類の詳細は、それぞれの種類の申立てごとに、Q10、13、17、18の解説を参照。

当該第三者は、報酬および必要な費用を請求できることとされており、その金額は 2,000 円である（法 14 条 1 項、民事訴訟費用等に関する法律 28 条の 3、民事訴訟費用等に関する規則 8 条の 3）。この費用については、銀行等の情報の提供を求める第三者の数に応じて、申立時に予納する必要がある（法 14 条 1 項、民事訴訟費用等に関する法律 11 条 1 項 1 号)[2]。

(4)　費用の債務者負担

　第三者からの情報取得手続において必要な費用（執行費用）は、債務者が負担する（法 211 条、42 条 1 項）。

4　情報提供を命ずる旨の決定

(1)　決定の発令

　第三者からの情報取得手続において、申立ての要件が認められる場合には、執行裁判所はそれぞれの申立てに応じた情報を、第三者に対して開示すべき旨を命じなければならない。

　情報開示を命じられた第三者は、決定の内容に応じ債務者の財産に関する情報を提供すべき義務を負い、守秘義務その他の理由により開示を拒むことは認められていない[3]。

(2)　送　達　等

　情報提供を命ずる旨の決定がなされた場合には、申立人および情報の提供を命じられた第三者に対して告知される（規則 188 条）。

---

2)　東京地裁・大阪地裁では、給与債権（勤務先）に係る情報取得手続の申立ては 1 件につき 6,000 円、第三者が 1 名増すごとに 2,000 円加算、預貯金等に係る情報取得手続の申立ては 1 件につき 5,000 円、第三者が 1 名増すごとに 4,000 円を加算した合計額を保管金として予納することが求められる（劔持 10 頁）。

3)　開示を拒み、または虚偽の回答をした第三者に対する制裁規定は設けられていないが、義務違反により債権者が損害を被った場合には、損害賠償義務を負うことになると解される。

　また、債務者の不動産に係る情報取得（法205条1項）および給与債権に係る情報取得を認容する決定（法206条1項）がなされた場合には、債務者に対し、当該決定が送達されることになるが（法205条3項、206条2項）、預貯金債権および振替社債等債権に係る情報取得を認容する決定（法207条1項）がなされた場合には、債務者に対する当該決定の送達はなされない。これは、預貯金等債権および振替社債等は債務者において処分することがきわめて容易であることから、決定が送達されることにより容易に処分されてしまう可能性が高く、密行性が強く求められることに配慮してのことである。

5　第三者による情報の提供

(1)　第三者からの情報提供

　情報提供することを命じられた第三者は、執行裁判所に対して、書面で情報の提供をしなければならない（法208条1項）。また、当該第三者は、執行裁判所に書面で情報の提供をするのと同時に、当該書面の写しを提出しなければならないが、直接、申立人に写しを発送したときには、執行裁判所への写しの提出は不要である（規則192条1項但書）。

(2)　申立人への情報提供

　第三者から情報が提供された場合、執行裁判所は、申立人に対し、第三者から提出された書面の写しを送付しなければならない（法208条2項前段）。これは、第三者からの情報提供があった場合における債権者による情報取得方法として、債権者自ら当該提供された情報を閲覧謄写する方法も考えられるが、第三者からの情報取得手続が強制執行の準備段階の手続として位置付けられているところ、記録の閲覧謄写にはそれなりの時間を要することが考えられることから、債権者が迅速に開示された情報に基づく強制執行が行えるよう、債権者による閲覧謄写を待つまでもなく執行裁判所から債権者に当該書面の写しを送付する方法がとられたことによるものである。ただし、申立人が、当該第三者から書面

の写しを受領したときは、執行裁判所から書面の写しは送付されない（規則192条2項)4)。

(3)　債務者に対する通知

　また、第三者から情報が提供された場合には、執行裁判所は、債務者に対して、当該決定に基づいてその財産に関する情報の提供がされた旨を通知しなければならない（法208条2項後段)。

　この点、債務者に対し通知がなされる時期については、執行裁判所の運用によるが、債権者が情報取得をした上で強制執行を行うまでには一定の時間を要することになるところ、債権者が強制執行を行うまでに債務者に対する通知がなされてしまうと、開示された財産の処分が行われてしまう可能性があり、本手続が無意味になってしまうことになることから、債務者に対する通知は、通常、債権者が情報を取得した後に強制執行を行うのに要する期間が経過した後に行われる必要がある5)。

---

4)　第三者から申立人に対し、直接書面を送付したほうがより迅速に債権執行に進むことができると考えられることから、東京地裁・大阪地裁においては、預貯金債権または振替社債等に係る情報取得の手続に際しては、原則として全件について申立人への直送を求めることとしており、第三者から申立人に書面の写しを直接送付することができるよう、申立人において自己を宛先とする封筒などを準備し、これを情報提供命令の正本に同封して第三者に送付するとされている（剱持23頁)。
5)　東京地裁・大阪地裁では、最後の第三者から情報提供者が提出された後、1か月以上経過したものについて、事件ごとに1回債務者に対する通知を行うとされている（剱持24頁)。

第三者からの債務者財産に係る情報取得手続のフロー

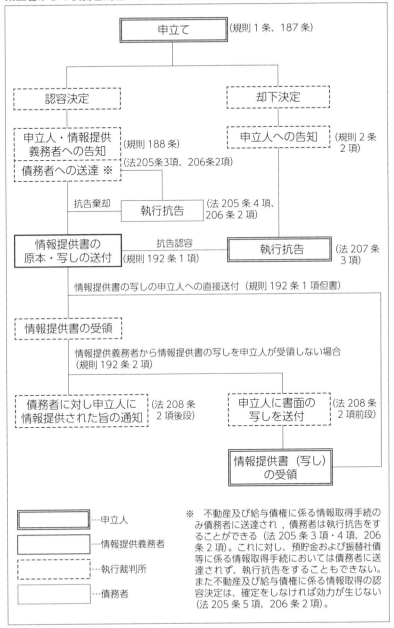

	…申立人
	…情報提供義務者
	…執行裁判所
	…債務者

※　不動産及び給与債権に係る情報取得手続のみ債務者に送達され，債務者は執行抗告をすることができる（法205条3項・4項、206条2項）。これに対し、預貯金および振替社債等に係る情報取得手続においては債務者に送達されず、執行抗告をすることもできない。また不動産及び給与債権に係る情報取得の認容決定は、確定をしなければ効力が生じない（法205条5項、206条2項）。

Q8

> 不動産に係る情報取得手続の概要はどのようなものか。また、な
> ぜ不動産に係る情報が開示を求めることができる対象とされたのか。

A

> 　不動産に係る情報取得の手続は、執行力のある債務名義の正本を有する
> 債権者等が、登記所に対して、債務者が所有権の登記名義人である土地、
> 建物等に関する情報の提供を求めることができる手続である。不動産は、
> 債務者の返済原資として重要な財産とみられており、情報提供を求める必
> 要性が高いと考えられたことなどから、改正法において不動産に係る情報
> 提供を求める手続が新設されることとなった。

〔解　説〕

1　不動産に係る情報取得手続が創設された経緯

(1)　情報取得の必要性

　不動産は、一般に換価価値が高く、債務者の返済原資として重要な財
産とみられており、債権回収のために債務者の不動産に対する強制執行
の申立てをすることが必要な場面が多い。ところが、不動産に対する強
制執行を申し立てるには、債権者において強制執行の目的とする不動産
を特定しなければならないところ、債権者がその特定のための調査をす
ることは必ずしも容易ではない。かかる状況を踏まえると、強制執行の
準備のために不動産に係る情報提供を求める制度を創設することの必要
性は高いと考えられる。そのため、法改正における議論においても、本
制度の創設は強く要請された。

(2)　情報取得の許容性

　他方、本制度において不動産に係る情報提供を求める第三者は、登記

所という公的機関であるが、提供される不動産に係る情報の中には、個人情報が含まれていることから、情報提供を求める制度を創設するにあたっては、公的機関の職員が一般的に負っている守秘義務との関係や、公的機関が保有する情報は、原則として、法令に基づく場合を除き、本来の目的以外の目的に利用することが禁止されていることなどとの関係が問題となり得る（行政機関の保有する個人情報の保護に関する法律8条1項）[1]。

しかし、この点に関しては、上記したとおり、民事執行制度の実効性を向上させ、民事執行制度に対する信頼を確保するためには、かかる制度の創設を認める必要性が高いことに対して、債務者に対する財産開示手続が前置されていることを前提とすれば、債務者は自ら所有する不動産に係る情報を債権者に開示しなければならない立場にあり、このように債務者が開示義務を負っている情報と考えれば、個人情報として保護すべき必要性は、相対的に低いものと考えられる。

このような検討を踏まえ、改正法において、登記所に債務者が所有名義を有する不動産に係る情報提供を求める制度が新設されることとなった。

2　本制度の対象となる情報の内容

(1)　情報の範囲

本制度は、登記所から提供を受けることができる情報の範囲を、「債務者が所有権の登記名義人である土地又は建物その他これらに準ずるものとして法務省令で定めるものに対する強制執行又は担保権の実行の申

---

1) 登記所における不動産登記記録情報は、何人も登記事項証明書の交付請求をすることができるとされており（不動産登記法119条1項）、守秘義務を負う情報ではないとも解されるが、登記事項証明書の交付請求は、「一筆の土地又は一個の建物ごとに」作成された登記記録（同法2条5号）を対象とするものであり、特定の者が所有名義を有する不動産を網羅した形で情報提供することが許容されているわけではないと考えられている（部会資料18－1・4頁）。

立てをするのに必要となる事項として最高裁判所規則で定めるもの」
（法205条1項）としている[2]。

　土地・建物の所有権以外は、「これらに準ずるものとして法務省令で
定めるもの」とされている[3]。法制審議会民事執行法部会の審議におい
ては、民事執行法の手続において不動産とみなされ登記所において登記
がなされる地上権を情報提供の対象に含める意見があった。いずれにせ
よ、第三者からの情報取得制度は、強制執行の準備として認められるも
のであるから、情報提供を求めることができる不動産に係る情報も強制
執行の対象となる権利に限られると考えられる[4]。

(2)　提供される情報の内容

　債権者が登記所から情報提供を受けることができる情報は、債務者が
所有権の登記名義人である土地等（土地または建物その他これらに準ずる
ものとして法務省令で定めるもの）の存否、また、これが存在する場合に
は、その土地等を特定するに足りる事項である（規則189条）。具体的に
は、土地であれば、所在、地番、地目、地積および権利の種類等に関す
る事項、建物であれば、所在、家屋番号、種類、構造、床面積および権
利の種類等に関する事項が提供されることになると考えられる。

---

2)　条文上、「債務者が所有権の登記名義人である土地又は建物その他これらに準
　ずるもの」とされていることに鑑みると、乙区に係る情報はこれに含まれない
　ものと解される。たとえば、債務者が債権者となっている抵当権に関する情報
　が取得できれば、その被担保債権に対し強制執行をすることも考えられるが、
　改正法のもとにおいてはかかる情報の提供を受けることはできないと考えられ
　る。
3)　具体的には、地上権、永小作権、賃借権または採石権の登記名義人となって
　いるものが考えられるほか、債務者が表題部所有者として記録されているもの
　が考えられるとされている（部会資料20 － 2・7頁）。
4)　民事執行法において強制執行の対象となる不動産としてみなされるのは、不
　動産の共有持分、登記された地上権および永小作権ならびにこれらの共有持分
　権である（法43条2項）。

3　情報提供をする登記所の範囲

　不動産に係る情報取得手続の対象となる登記所は、「法務省令」で定められる。これは、情報提供をする登記所には、東京のような大規模庁から地方の小規模な登記所（支局や出張所）まで様々あるが、もともと不動産登記制度は、所有者ごとに情報を名寄せするような管理体制はとられていないことなどから[5]、現状では、その全てにおいて改正法に対応した処理する能力を備えることは困難が想定される一方、今後の登記所における管理体制の整備等により状況が変化することが想定されることに鑑みてのものである。

4　施　　　行

　改正法は、一部の規定を除いて、公布の日から1年を超えない範囲内において政令で定めることとされているが（法附則1条）、上記したとおり、不動産に関する取得手続については、登記所における不動産に関するシステムの構築など改正法を踏まえた人的・物的な情報管理体制を新たに整備することが不可欠であることに鑑み、改正法の公布の日（令和元年5月17日）から起算して2年を超えない範囲内において政令で定める日までの間は、適用しないものとされている（法附則5条）。

5）　課税の観点から、市町村などでは、所有者ごとに不動産を名寄せして情報管理しており、かかる情報の提供を求める制度の創設を求める意見もあったが、今回の改正法における創設は見送られた。

Q9

　不動産に係る情報取得手続を申し立てるためには、どのような要件が必要とされるのか。

A

　不動産に係る情報取得手続の申立要件は、執行力のある債務名義の正本を有する債権者および一般の先取特権を有することを証する文書を提出した債権者が申立権を有するが、不奏功要件等の債務者に対する財産開示手続と同様の要件が求められているほか、財産開示手続の前置が必要とされており、財産開示期日から3年以内に限りすることができる。他方、債務者に対する財産開示手続において求められている、原則として3年間は財産開示手続の実施はできないとされる再実施制限は、不動産に係る情報取得手続においては要件とされていない。

【解　説】

1　申立権者

　不動産に係る情報取得手続の申立権を有するのは、執行力のある債務名義の正本を有する債権者（法205条1項1号下段）、および債務者の財産について一般の先取特権を有することを証する文書を提出した債権者（同項2号下段）である。

　このうち、執行力のある債務名義の正本を有する債権者については、債務名義の種類や債権の内容による制限規定は設けられておらず、金銭債権についての強制執行の申立てに必要な債務名義であれば、いずれの種類の債務名義であっても申立てをすることができるとされている。この点は、改正された債務者に対する財産開示手続と同様である[1]。

2　強制執行開始のための一般的な要件

　第三者からの情報取得手続は、強制執行の準備として行われる手続との位置付けから、強制執行または担保権の実行を申し立てることができる場合に限り認められる。したがって、執行力のある債務名義による本手続の申立てにあたっては、「執行力のある債務名義の正本に基づく強制執行を開始することができないとき」（法205条1項但書）には、不動産に係る情報取得手続の申立てをすることができない。

　「強制執行を開始することができないとき」には、債務名義の正本が債務者に送達されていない場合（法29条）、確定期限付債権の期限未到来である場合（法30条1項）、担保を立てることが強制執行の実施要件とされている場合で債権者が担保を立てたことを証する文書を提出しない場合（同条2項）、債務者の給付が反対給付と引換給付である場合[2]にその証明がなされない場合（法31条1項）、債務者の給付が代償請求である場合[3]に本来の債務の給付について強制執行の目的を達することができなかったことの証明がなされない場合（同条2項）がある。

3　不奏功等要件

　不動産に係る情報取得手続を行うには、債務者に対する財産開示手続の申立てをするための要件と同様に、不奏功等要件（法197条1項各号、2項各号）が必要である。

　したがって、①強制執行または担保権の実行における配当等の手続

---

1)　詳細は、Q4の解説を参照。
2)　たとえば、売買の目的物の給付と引き換えによる売買代金債権の支払を命じる判決など。
3)　たとえば、動産引渡しの給付を命じるとともに、その執行が不能な場合に代償として金銭の支払を命じる判決など。

（申立ての日より 6 か月以上前に終了したものを除く）において、申立人が
当該金銭債権（執行力のある債務名義による場）または被担保債権（一般
の先取特権による場合）の完全な弁済を受けられなかったこと、または
②知れている財産に対する強制執行を実施しても、金銭債権の完全な弁
済を得られないことのいずれかの疎明が必要である。

4　財産開示手続の前置

　不動産に係る情報取得手続は、債務者に対する財産開示手続において
実施された財産開示期日から 3 年以内に限り行うことができる（法 205
条 2 項）。

　この要件は、第三者からの情報取得制度はあくまで債務者に対する財
産開示手続の補充的な手段として位置付けられると考えられることや、
債権者が不動産に係る情報を取得する必要性と登記所の守秘義務や債務
者の不利益との関係を考慮したことに基づいている。

　なお、債務者に対する財産開示手続において財産開示期日が実施され
た場合には、債務者に情報秘匿の正当な利益がないことが不動産に係る
情報取得手続が認められる根拠とされていることから、財産開示期日に
おいて陳述義務の一部の免除の許可がなされた場合（法 200 条 1 項）に
は、なお自らの財産状況に係る情報の秘匿に正当な利益があるものとし
て、財産開示手続前置の要件を満たさないこととされている（法 205 条
2 項かっこ書）。

5　再実施の制限

　債務者に対する財産開示手続においては、申立ての日前 3 年以内に財
産開示期日において債務者が財産について陳述をしたものであるとき
は、財産開示手続を実施する旨の決定をすることができないとされてい
るが（法 197 条 3 項）、第三者からの情報取得手続においては、情報提供

をする第三者の負担を考慮して、かかる期間制限の要件は設けられていない。

　他方、前記4のとおり、債務者に対する財産開示手続において実施された財産開示期日から3年を超えている場合には、本手続の申立てをすることはできない。したがって、この場合には、あらためて債務者に対する財産開示手続を申し立て、財産開示実施期日を実施した上で、本申立てをする必要がある[4]。

---

4)　逆にいえば、前に実施された財産開示期日から3年以内の期間中であれば、不動産の情報取得手続の申立回数に制限はない。不動産に係る情報取得手続は、提供を求める不動産の所在地の範囲を特定して申し立てる必要があるため（規則187条1項3号）、特定した範囲で債務者の不動産に係る情報が見当たらない場合には、別の所在地を特定して再申立てをすることが考えられる。

Q10

불 不動産に係る情報取得手続の申立書には、どのような記載をする
必要があるのか。また、申立てに必要な書類は何か。

A

　不動産に係る情報取得手続の申立ては、書面で行わなければならない。
申立書には、申立人、債務者および情報提供を命じられるべき第三者の氏
名・名称および住所等の当事者に関する記載や申立ての理由のほかに、情
報提供を命じられた登記所が検索すべき債務者が所有権等の登記名義人で
ある土地等の所在地を記載する必要がある。また、申立てにあたっては、
資格証明書や委任状等の添付書類や、執行力のある債務名義に基づく申立
ての場合は執行力のある債務名義を、一般の先取特権に基づく場合には一
般の先取特権を有することを証する文書を提出する必要があるほか、申立
ての日前 3 年以内に財産開示期日における手続が実施されたことを証す
る文書を添付しなければならない。

〔解　説〕

1　申立書（巻末資料編書式例 1-1-1、1-1-2 参照）

　不動産に係る情報取得手続の申立ては、書面により行わなければなら
ない（規則 1 条）。不動産に係る情報取得手続の申立書の記載事項は、
つぎのとおりである（規則 187 条 1 項）。

(1)　当　事　者

　申立人、債務者および債務の提供を命じられるべき者の氏名または名
称および住所を記載する必要がある。また、代理人による場合には、代
理人の氏名および住所の記載も必要である（規則 187 条 1 項 1 号）。
　当事者の記載は、通常、「当事者目録」として別紙において行う。当
事者のうち債務者については、できる限り、氏名または名称の振り仮

名、生年月日および性別その他の債務者の特定に資する事項を記載しなければならない（規則187条2項）[1]。これは、情報の提供を命じられた第三者は、債権者と債務者の争いに巻き込まれる立場にあることから、できるだけ負担を軽減するとともに検索に資する情報として、これらの情報の記載が求められているものである[2]。

「その他の債務者の特定に資する事項」としては、債務者の旧姓や過去の住所地などを記載することが考えられる。これは、情報提供を命じられた登記所は債務者の氏名、住所と不動産登記に記録されている情報を照合して検索することになると考えられるが、不動産登記記録上の情報は、改姓や転居による住所移転などに合わせて変更されているとは限らず、現在の債務者の情報と不動産登記記録上の情報が一致しないことが考えられるからである。

(2) 申立ての理由

申立ての理由の記載は、第三者からの情報取得を求めることができる要件があることを記載する必要がある。具体的には、①法197条1項各号または同条2項各号のいずれかに該当すること（法205条1項）や、②申立ての日前3年以内に財産開示期日が実施されていること（同条2項）を記載する。

また、申立ての理由の記載にあたっては、執行裁判所が迅速で適切な審理を行うため、申立てを理由付ける事実を具体的に記載し、かつ、立証を要する事由ごとに証拠を記載しなければならない（規則187条4項、27条の2第2項）。

1) 「できる限り」記載をするものとされていることから、これらの事項の記載を欠いたとしても、直ちに申立てが却下されることはないと考えられるが、第三者において検索および情報提供に時間を要することとなる可能性があることから、債権者としても可能な限り記載することが望ましい。
2) 振り仮名に関する情報は、債権者も把握することができないことがあり、その場合は、債権者として把握している限りにおいて記載すれば足りる。

⑶　検索を求める土地等の所在地の範囲

　登記所から不動産に係る情報提供を求める場合、検索を求める土地等の所在地の範囲を記載する必要がある（規則187条1項3号）。これは、現状の登記所の情報管理体制において全国の土地等を対象に検索した場合には、システムに対して大きな負担がかかり、事務に支障が生じるおそれがあり、ひいては情報提供までに長時間を要することになりかねないことに鑑み、債権者に検索対象の地域をある程度限定させることによって、システムに過大な負担がかかることを回避しつつ、債権者が適切な時期に回答を得ることができるようにすることが望ましいとの考えに基づくものである。

　土地等の所在地の範囲の記載方法に関する具体的な定めはないが、たとえば、「東京都」や「東京都及び埼玉県」といった方法が考えられる[3]。

⑷　請求債権または担保権・被担保債権・請求債権

　本手続の申立権を有するのは、執行力のある債務名義を有する債権者または一般の先取特権を有することを証する書類を提出した債権者であることから、それぞれの区分に応じて、請求債権または担保権・被担保債権・請求債権を記載する必要がある。

　これらの記載は、通常、「請求債権目録」または「担保権・被担保債権・請求債権目録」として別紙に記載をする[4]。

---

[3]　土地等の所在地の範囲を「全国」と記載することをもって直ちに不適法になることはないと解されるが、現在の登記所の情報管理体制に鑑みれば、回答が得られるまでに相当の長期間を要する可能性が高いことから、このような申立ての方法は、必ずしも債権者の利益にはならないものと考えられる。

[4]　具体的な記載方法は、基本的には差押命令申立書におけるものと同様であるが、回収のための手続ではないので、債権差押命令申立書のように利息・損害金などの附帯請求は申立日までに発生したものに限定する必要はなく、また執行費用についても記載の必要はない。

2 証拠書類

(1) 執行力のある債務名義の正本を有する債権者の場合

ア 執行力のある債務名義の正本

法22条各号に記載された債務名義であり、執行力が必要であることから、執行文の付与（法26条）が必要であるが、執行文の付与を受けずに強制執行を申し立てることができる少額訴訟における確定判決または仮執行宣言付少額訴訟判決もしくは支払督促（法25条但書）および金銭の支払を命ずる仮処分（民保法43条1項本文）については、執行文の付与は不要である[5]。

イ 送達証明書

債務名義が債務者に送達されていることは、強制執行開始の要件とされていることから（法29条）、送達証明書の提出が必要である。ただし、債務名義の送達前であっても強制執行ができる金銭の支払を命ずる仮処分（民保法43条3項）については、送達証明書の提出は不要である。

ウ 確定証明書

仮執行宣言の付された債務名義を含め、全ての債務名義に申立権が認められることになったことから、確定証明書の提出は不要である。

エ その他の証拠書類

債務名義が更正されている場合には更正決定正本、担保を立てることを強制執行の実施要件とする債務名義の場合は担保を立てたことを証する文書（法30条2項）、引換給付判決の場合は反対給付の履行または提供を証する文書（法31条1項）、代償請求の場合は他の給付について強

---

5) ただし、これらの債務名義であっても承継または条件成就の場合は、承継執行文または条件成就執行文の付与が必要である（法27条1項、2項）。

制執行の目的を達することができなかったことを証する文書（同条 2 項）を提出する必要がある。

(2)　一般の先取特権を有する債権者の場合

　一般の先取特権を有することを証する文書を提出する必要があるが、文書の形式や種類を問わず、私文書でもよい。たとえば、雇用関係に基づく債権（民法 306 条 2 号）として給料債権を請求する場合、雇用契約書や過去の給与明細書、出勤簿などが証明文書に該当する。

(3)　共通に必要な証拠書類

ア　不奏功等要件に関する証拠書類

(ア)　1 号に基づく場合

　申立日前 6 か月以内に実施された配当表または弁済金交付計算書の謄本、開始決定正本または差押命令正本、配当期日呼出状などを提出する必要がある。

(イ)　2 号に基づく場合

　申立人が、債権者として通常行うべき調査を行った結果、知れている財産がどれだけ存在するのか、またそれらの財産に対する強制執行（担保権の実行）を実施しても請求債権の完全な弁済を得られないことの証拠書類を提出する必要がある。この証拠書類としてどこまでのものを提出する必要があるのか問題になるが、通常は、債務者の住所所在地の不動産登記事項証明書やブルーマップなどを提出すれば足りるとされている[6]。

イ　財産開示前置の要件に関する証拠書類

　申立日前 3 年以内に行われた財産開示期日調書の謄本、財産開示手続の実施決定正本、財産開示期日呼出状などを提出する必要がある。

---

6)　部会資料 6・3 頁には、「現在の裁判実務においては、債務者の住所所在地の不動産登記簿謄本の提出などで足りるとしている例が多く、また、この要件を満たさないことを理由として申立てが却下された事例はほとんどない」との記載がある。

3　その他の添付書類

　当事者が法人の場合には、代表事項証明や資格証明等、代理人による場合には委任状、債務名義上の住所、氏名等が現在のものと異なる場合は、戸籍の附票、履歴事項証明書などの繋がりを証明する書類の提出が必要である[7]。

---

[7]　債務名義上の表示と異なる場合以外にも、債務者を特定する事項として旧姓や過去の住所地などを記載する場合には、繋がりがわかる書類として、戸籍の附票や履歴事項証明書を提出する必要がある。

Q11

> 　給与債権（勤務先）に係る情報取得手続の概要はどのようなものか。また、なぜ給与債権（勤務先）に係る情報が開示を求めることができる対象とされたのか。

A

> 　給与債権（勤務先）に係る情報取得の手続は、養育費等に係る請求権または人の生命もしくは身体の侵害による損害賠償請求権について、執行力のある債務名義の正本を有する債権者が、市町村（特別区を含む。以下同様）または厚生年金の実施機関等に対して、債務者が有する給与債権に関する情報の提供を求めることができる手続である。給与債権は、債務者が個人である場合において重要な財産である場合が多く、特に養育費の履行確保の観点からは給与債権に対し強制執行を行う必要性が指摘されていたことなどを踏まえ、債務者に与える不利益に配慮しつつ、債務者の給与債権に係る情報提供を求める手続が設けられることとなった。

【解　説】

1　給与債権（勤務先）に係る情報取得手続が創設された経緯

(1)　情報取得の必要性

　債務者が個人である場合においては、給与債権が債務者の唯一の財産であることが多く、返済原資として非常に重要な財産である。しかし、給与債権に対して強制執行を申し立てるためには、第三債務者となる勤務先の名称や住所等を具体的に特定して行わなければならないところ、債務者の勤務先を把握することは必ずしも容易ではない。

　特に、婚姻費用、養育費、扶養料などは、債権者の生活維持のために履行確保の必要性が高く、民事執行法においても特例が設けられるなどの保護が図られており（法151条の2、152条3項、167条の15、167条の

16）、債務者の給与債権に対する強制執行を容易にするための制度を創設することへの意見が強まっていた。

以上のような背景を踏まえ、給与債権（勤務先）に係る情報取得手続を創設する必要性は高いものと認識されるに至った。

(2) 情報取得の許容性

他方、本制度において給与債権（勤務先）に関する情報提供を求める第三者は、市町村や厚生年金保険の実施機関等という公的機関であることから、その情報提供を求めるにあたっては、不動産に係る情報提供を求める制度と同様に、公的機関の職員が一般的に負っている守秘義務等との関係が問題となり得る[1]。特に、市町村等は、行政活動に伴い、様々なルートから情報を取得することがあり得ることから、守秘義務等との関係においては、情報の取得経路によって情報提供の対象とするか否かの許容性が変わってくることもあり得る[2]。

また、給与債権（勤務先）に関する情報は、不動産に関する情報と比べても、開示されることが想定されていない情報であることや、債務者の生活の基盤にも関わる極めて秘匿性の高い情報であると考えられるため、債務者の利益を保護する観点からも、給与債権に係る情報取得手続を創設するとしても、情報を取得できる債権者の範囲については、特に保護すべきと考えられる債権者に限って許容されるものとされた。

以上のような検討を踏まえ、特に要保護性が高いと考えられる養育費等に係る請求権または人の生命もしくは身体の侵害による損害賠償請求権について、執行力のある債務名義の正本を有する債権者を申立権者として、市町村または厚生年金の実施機関等に債務者の給与債権（勤務先）に係る情報提供を求める制度が創設されることになった。

1) 詳細は、Q8 の解説を参照。
2) そのため、提供される情報については、法 206 条 1 項各号のかっこ書において、市町村については「当該市町村が債務者の市町村民税（特別区民税を含む。）に係る事務に関して知り得たものに限る。」、厚生年金の実施機関等については「情報の提供を命じられた者が債務者の厚生年金保険に係る事務に関して知り得たものに限る。」として、情報の取得経路によりその範囲が限定されている。

2　本制度の対象となる情報の内容

(1)　情報取得を求めることができる第三者

　本制度において、情報取得を求める第三者は、市町村（特別区を含む、法206条1項1号）または厚生年金の実施機関等（同項2号）である。このうち厚生年金の実施機関等としては、日本年金機構、国家公務員共済組合、国家公務員共済組合連合会、地方公務員共済組合、全国市町村職員共済組合連合会、日本私立学校振興・共済事業団が規定されている[3]。

(2)　提供される情報の内容

　本制度において提供を受けることができる情報の範囲については、それぞれ第三者ごとに、次のとおり定められている。

①　市町村

　「債務者が支払を受ける地方税法（昭和25年法律第226号）第317条の2第1項ただし書に規定する給与に係る債権に対する強制執行または担保権の実行の申立てをするのに必要となる事項として最高裁判所規則で定めるもの（当該市町村が債務者の市町村民税（特別区民税を含む。）に係る事務に関して知り得たものに限る。）」

②　厚生年金の実施機関等

　「債務者（厚生年金保険の被保険者であるものに限る。以下この号において同じ。）が支払を受ける厚生年金保険法（昭和29年法律第115号）第3条第1項第3号に規定する報酬又は同項第4号に規定する賞与に係る債権に対する強制執行又は担保権の実行の申立てをするのに必要となる事項として最高裁判所規則で定めるもの（情報の提

---

[3]　規定された組織のほかに、地方公務員共済組合連合会も厚生年金保険の実施機関の一つであるが、組合員や年金受給者に関する個人情報を有しているわけではないことから、情報提供を求める対象とはされていない。

供を命じられた者が債務者の厚生年金保険に係る事務に関して知り得たものに限る。）」

　その上で、民事執行規則は、債権者が市町村または厚生年金の実施機関等から提供を受けることができる情報について、給与（報酬または賞与）の支払いをする者の存否ならびにその者が存在するときは、その者の氏名または名称および住所（その者が国である場合にあっては、債務者の所属する部局の名称および所在地）と規定している（規則190条）。

　これは、給与債権に対する強制執行の申立てにあたっては、債権差押命令申立書に勤務先の氏名または名称および住所を特定して記載する必要がある（規則133条1項）ことが踏まえられたものである。また、給与等の支払をする者が国であるときには、支出官等を代表者として差押命令を送達する必要があるが（政府ノ債務ニ対シ差押命令ヲ受クル場合ニ於ケル会計上ノ規程1条1項）、債務者の所属する部局によって支出官等が異なることから、債務者の所属する部局の名称および所在地が提供すべき情報とされている。

Q12

給与債権（勤務先）に係る情報取得手続を申し立てるためには、どのような要件が必要とされているのか。

A

　給与債権（勤務先）に係る情報取得手続の申立要件は、不奏功等要件等債務者に対する財産開示手続と同様の要件が求められているほか、財産開示期日から3年以内に限りすることができるとする財産開示手続の前置の要件が必要である一方、債務者に対する財産開示手続において求められている3年間の再実施制限は設けられていないことなどは、不動産に係る情報取得手続に係る情報取得手続と同一であるが、申立権を有する債権者が、養育費等に係る請求権または人の生命もしくは身体の侵害による損害賠償請求権について、執行力のある債務名義の正本を有する債権者に限られている点で要件が異なっている。

【解　説】

1　申立権者

⑴　申立権者の範囲

　給与債権（勤務先）に係る情報取得手続の申立権を有するのは、「第151条の2第1項各号に掲げる義務に係る請求権又は人の生命若しくは身体の侵害による損害賠償請求権について執行力のある債務名義の正本を有する債権者」（法206条1項）である。

⑵　養育費等の義務に係る請求権

　法151条の2第1項各号に掲げる義務は、つぎのとおりである。
　①　民法752条の規定による夫婦間の協力および扶助の義務（夫婦の協力扶助義務。1号）

② 民法760条の規定による婚姻から生ずる費用の分担義務（婚姻費用分担義務。2号）

③ 民法766条（同法749条、771条および788条において準用する場合を含む。）の規定による子の監護に関する義務（子の監護義務。3号）

④ 民法877条から880条までの規定による扶養の義務（子の扶養義務。4号）

養育費その他の扶養義務等に係る請求権に関しては、子の利益保護などの観点から、その要保護性が認められるようになってきており、民事執行法においても、平成15年、16年改正法において、その権利保護のため、様々な特例が設けられている[1]。また、もともと養育費その他の扶養義務等に係る債権は、生活のための費用として、通常、給与債権がその原資になることが想定されており、その未払に対する回収のために給与債権に係る情報の開示を受けることについては、許容性が大きいものと考えられる。

　以上のような点を踏まえ、債権者について、養育費その他の扶養義務等に係る請求権について執行力のある債務名義を有する債権者に対して、給与債権（勤務先）に係る情報取得手続の申立権が認められることとなった。

(3) 人の生命または身体の侵害による損害賠償請求権

　人の生命・身体の侵害による損害賠償請求権は、犯罪被害者の保護に対する意識の高まりなどにより、他の財産的な請求権に比べて保護すべき必要性が高いものと認識されている[2]。他方、人の生命・身体を侵害したことにより損害賠償義務を負うことになるのは、一般に個人である

---

1) 扶養義務等に係る定期金債権についての特則（法151条の2）、差押禁止債権の範囲の特例（法152条3項）、扶養義務等に係る金銭債権についての間接強制（法167条の15）、扶養義務等に係る定期金債権を請求する場合の特例（法167条の16）。

2) このような観点から、改正された民法においても、人の生命または身体の侵害による損害賠償請求権の消滅時効期間については、特則を設けて、他の請求権よりも期間を長くする措置が新たにとられている（民法167条、724条の2）。

場合が多く、債務者の被害回復のための給与債権が重要な返済原資になることが多いと考えられるが、かかる損害賠償請求をする場面においては、債権者と債務者の関係性が希薄であり、債権者が債務者の勤務先に係る情報を有していることは少なく、かつ債務者の勤務先を探索することには困難が伴うことが想定される。そのため、人の生命・身体の侵害による損害賠償請求権を有する債権者のために、給与債権（勤務先）に関する情報を取得する手続を創設する必要性は高いものと考えられる。

　以上のような点を踏まえ、人の生命または身体の侵害による損害賠償請求権について執行力のある債務名義を有する債権者に対して、給与債権（勤務先）に係る情報取得手続の申立権が認められることとなった。

⑷　債務名義の種類

　当該執行力を有する債務名義の正本が、養育費等に関する請求権または人の生命・身体の侵害による損害賠償請求権に係るものであれば、債務名義の種類による制限はない。したがって、執行証書[3]や支払督促などであっても、本手続を申し立てることは可能である。

⑸　一般の先取特権を有する債権者

　養育費等に関する請求権または人の生命・身体の侵害による損害賠償請求権を有する債権者が対象となり、かかる請求権が一般の先取特権の被担保債権となることは想定されないことから、申立権を有する債権者として規定されていない。

2　強制執行開始のための一般的な要件

　第三者からの情報取得手続は、強制執行の準備として行われる手続と

---

[3]　特に養育費に関しては、子の福祉の観点から公正証書の作成が推奨されており、養育費の不払いが発生した場合には、公正証書（執行証書）に基づき、給与債権（勤務先）に係る情報取得手続が行われることが想定される。

の位置付けから、給与債権（勤務先）に係る情報取得手続についても、強制執行を申し立てることができる場合に限り認められる。したがって、本手続の申立てにあたっては、「執行力のある債務名義の正本に基づく強制執行を開始することができないとき」（法206条1項但書）には、給与債権（勤務先）に係る情報取得手続の申立てをすることができないとされている。この点は、不動産に係る情報取得手続と同一である[4]。

3 不奏功等要件

給与債権（勤務先）に係る情報取得手続を行うには、財産開示手続の申立てをするための要件と同様に、不奏功等要件（法197条1項各号、2項各号）が必要である。この点も、不動産に係る情報取得手続と同一である。

4 財産開示手続の前置

給与債権（勤務先）に係る情報取得手続は、債務者に対する財産開示手続において実施された財産開示期日から3年以内に限り行うことができる（法205条2項、206条2項）。

この要件は、第三者からの情報取得制度はあくまで債務者に対する財産開示手続の補充的な手段として位置付けられると考えられることや、債権者が給与債権（勤務先）に係る情報を取得する必要性と第三者の守秘義務や債務者の不利益との関係を考慮したことに基づいており、不動産に係る情報取得の手続と同一である。

---

[4] 強制執行のための一般的な要件のほか、不奏功等要件および財産開示手続の前置に関する詳細はQ9の解説を参照。

5　再実施の制限

　不動産に係る情報取得の手続と同様に、給与債権（勤務先）に係る情報取得手続においては、情報提供をする第三者の負担を考慮して、前に行われた手続から一定期間再実施することができないとの要件は設けられていない。

Q13

給与債権（勤務先）に係る情報取得手続の申立書には、どのような記載をする必要があるのか。また、申立てに必要な書類は何か。

A

給与債権（勤務先）に係る情報取得手続の申立ては、書面で行わなければならない。申立書には、申立人、債務者および情報提供を命じられるべき第三者である市町村（特別区を含む、以下同様）または厚生年金の実施機関等の名称および住所等の当事者に関する記載や申立ての理由を記載する必要がある。また、申立てにあたっては、資格証明書や委任状等の添付書類や、養育費等に係る請求権または人の生命もしくは身体の侵害による損害賠償請求権についての執行力のある債務名義を提出する必要があるほか、申立ての日前３年以内に財産開示期日における手続が実施されたことを証する文書を添付しなければならない。

【解　説】

1　申立書（巻末資料編書式例 1-2 参照）

給与債権（勤務地）に係る情報取得手続の申立ては、書面により行わなければならない（規則1条）。給与債権（勤務地）に係る情報取得手続の申立書の記載事項は、つぎのとおりである（規則187条1項）。

(1)　当事者

申立人、債務者および債務の提供を命じられるべき者の氏名または名称および住所を記載する必要がある。また、代理人による場合には、代理人の氏名および住所の記載も必要である（規則187条1項1号）。

当事者の記載は、通常、「当事者目録」として別紙において行うことになる。当事者のうち債務者については、できる限り、氏名または名称

の振り仮名、生年月日および性別その他の債務者の特定に資する事項を
記載しなければならない（規則 187 条 2 項）。その他、債務者に関する記
載の注意点は、不動産に係る情報取得手続におけるものと同一である[1]。

　また、情報の提供を求める第三者についても申立書において特定して
記載しなければならないが、第三者である市町村または厚生年金の実施
機関等は、それぞれが実施する事務に係る情報を管理しているに過ぎ
ず、それぞれの機関が有する情報は異なっていることや、情報の開示を
求めた時点においてこれらの第三者が有する情報と現在の情報との間に
タイムラグがある可能性もあることから[2]、いかなる第三者に情報提供
を求めるのかについては、これらの事情を考慮して決定する必要があ
る。たとえば、直近で債務者に住所変更や改姓があった場合には、債務
者の特定に資する情報として、過去の住所地や旧姓を記載したり、複数
の第三者に情報提供を求める申立てをすることなどが考えられる。

　なお、厚生年金の実施機関等として、日本年金機構、国家公務員共済
組合、国家公務員共済組合連合会、地方公務員共済組合、全国市町村職
員共済組合連合会、日本私立学校振興・共済事業団が規定されている
が、このうち国家公務員共済組合および地方公務員共済組合は、つぎの
とおりである。

国家公務員共済組合	①衆議院共済組合、②参議院共済組合、③内閣共済組合、④総務省共済組合、⑤経済産業省共済組合、⑥厚生労働省第二共済組合、⑦裁判所共済組合、⑧会計検査院共済組合、⑨刑務省共済組合、⑩防衛省共済組合、⑪林野庁共済組合、⑫連合会職員共済組合、⑬日本郵政共済組合、⑭厚生労働省共済組合、⑮国土交通省共済組合、⑯文部科学省共済組合、⑰農林水産省共済組合、⑱財務省共済組合、⑲外務省共済組合、⑳法務省共済組合

---

1)　詳細は Q10 の解説を参照。
2)　たとえば、市町村は、給与支払報告書等により債務者の情報を把握するが、
　　毎年 1 月 1 日を基準として記載されることから、その後の変遷については把握
　　されていないと考えられる。

地方公務員共済組合	①地方職員共済組合、②公立学校共済組合、③警察共済組合、④東京都職員共済組合、⑤指定都市職員共済組合（札幌市職員共済組合等 10 組合）、⑥市町村職員共済組合（東京都市町村職員共済組合等 47 組合）、⑦都市職員共済組合（北海道職員共済組合等 3 組合）

(2)　申立ての理由

　申立ての理由の記載は、第三者からの情報取得を求めることができる要件があることを記載する必要がある。具体的には、①法 197 条 1 項各号に該当すること（法 205 条 1 項）、② 151 条の 2 第 1 項各号に掲げる義務に係る請求権または人の生命もしくは身体の侵害による損害賠償請求権について執行力のある債務名義の正本を有する債権者であること、および③申立ての日前 3 年以内に財産開示期日が実施されていること（同条 2 項、205 条 2 項）を記載する。

　また、申立ての理由の記載にあたっては、執行裁判所が迅速で適切な審理を行うため、申立てを理由付ける事実を具体的に記載し、かつ、立証を要する事由ごとに証拠を記載しなければならない（規則 187 条 4 項、27 条の 2 第 2 項）。

(3)　請求債権

　本手続の申立権を有するのは、養育費等に係る請求権または人の生命もしくは身体の侵害による損害賠償請求権について、執行力のある債務名義を有する債権者であることから、該当する請求債権を記載する必要がある。

　この記載は、通常、「請求債権目録」として別紙に記載をする。なお、債権差押命令申立書のように利息・損害金などの附帯請求は申立日までに発生したものに限定する必要はなく、また執行費用についても記載の必要がないことは、不動産に係る財産取得手続の場合と同じである。

2　証拠書類

⑴　執行力のある債務名義の正本を有する債権者の場合

ア　執行力のある債務名義の正本

法 22 条各号に記載された債務名義であり、執行力が必要であることから、執行文の付与（法 26 条）が必要であるが、執行文の付与を受けずに強制執行を申し立てることができる少額訴訟における確定判決または仮執行宣言付少額訴訟判決もしくは支払督促（法 25 条但書）および金銭の支払を命ずる仮処分（民保法 43 条 1 項本文）については、執行文の付与は不要である[3]。

これらの債務名義は、養育費等または人の生命もしくは身体の侵害による損害賠償に関する請求不払いについてのものである必要があるが、債務名義の表示上からその趣旨が明らかになっている必要がある[4]。

イ　送達証明書

債務名義が債務者に送達されていることは、強制執行開始の要件とされていることから（法 29 条）、送達証明書の提出が必要である。ただし、債務名義の送達前であっても強制執行ができる金銭の支払いを命ずる仮処分（民保法 43 条 3 項）については、送達証明書の提出は不要である。

ウ　確定証明書

仮執行宣言の付された債務名義を含め、全ての債務名義に申立権が認められることになったことから、確定証明書の提出は不要である。

3）　ただし、承継または条件成就の場合は、承継執行文または条件成就執行文の付与が必要である（法 27 条 1 項、2 項）。
4）　劔持 11 頁。

エ　その他の証拠書類

　債務名義が更正されている場合には更正決定正本、担保を立てること
を強制執行の実施要件とする債務名義の場合は担保を立てたことを証す
る文書（法30条2項）、引換給付判決の場合は反対給付の履行または提
供を証する文書（法31条1項）、代償請求の場合は他の給付について強
制執行の目的を達することができなかったことを証する文書（同条2項）
を提出する必要がある。

(2)　共通に必要な証拠書類

ア　不奏功等要件に関する証拠書類

(ア)　1号に基づく場合

　申立日前6か月以内に実施された配当表または弁済金交付計算書の謄
本、開始決定正本または差押命令正本、配当期日呼出状などを提出する
必要がある。

(イ)　2号に基づく場合

　申立人が、債権者として通常行うべき調査を行った結果、知れている
財産がどれだけ存在するのか、またそれらの財産に対する強制執行を実
施しても請求債権の完全な弁済を得られないことの証拠書類を提出する
必要があるが、不奏功等要件に関する証拠書類の詳細は不動産に係る情
報取得手続におけるのと同じである。

イ　財産開示前置の要件に関する証拠書類

　申立日前3年以内に行われた財産開示期日調書の謄本、財産開示手続
の実施決定正本、財産開示期日呼出状などを提出する必要があるが、詳
細は不動産に係る情報取得手続におけるのと同じである。

3　その他の添付書類

　当事者が法人の場合には、代表事項証明や資格証明等、代理人による
場合には委任状、債務名義上の住所、氏名等が現在のものと異なる場合

は、戸籍の附票、履歴事項証明書などの繋がりを証明する書類が必要である[5]。

---

[5]　債務名義上の表示と異なる場合以外にも、債務者を特定する事項として旧姓や過去の住所地などを記載する場合には、繋がりがわかる書類として、戸籍の附票や履歴事項証明書を提出する必要がある。

Q14

金融機関等からの情報取得手続のうち、預貯金債権に係る情報取得手続の概要はどのようなものか。また、なぜ預貯金債権に関する情報が開示を求めることができる対象とされたのか。

A

　預貯金債権に係る情報取得の手続は、執行力のある債務名義の正本を有する債権者が、銀行等に対して、債務者が有する預貯金債権に関する情報の提供を求めることができる手続である。一般に、預貯金債権は、法人・個人を問わず広く有していることが多く、強制執行の対象とする必要性が特に高い財産である一方、現在の執行実務においては、預貯金債権に対し強制執行を行うためには、銀行等および支店を具体的に特定して申し立てなければならないことから、預貯金債権に係る情報を取得する必要性は高いと考えられることに鑑み、改正法において債務者の預貯金債権に係る情報提供を求める手続が設けられることとなった。

〔解　説〕

1　預貯金債権に係る情報取得手続が創設された経緯

(1)　情報取得の必要性

　預貯金債権は、多くの法人および個人が一般的に有している資産であり、現金に準じるものとして換価が容易であることなどから、金銭債権を有する債権者としては、返済原資として強制執行を行う必要性が極めて高い重要な財産である。しかし、預貯金債権に対して強制執行を申し立てるためには、最高裁の判例において、支店を限定しないいわゆる「全店一括順位付け方式」[1]による申立てが否定されたことから、原則として、第三債務者となる銀行等の支店を具体的に特定して行わなければならないが、債権者として、債務者が預貯金を有する支店を把握するこ

とは容易ではない。

　そのため、預貯金債権に係る情報取得手続を創設する必要性は高いものと認識されており、第三者からの情報取得手続の創設に関する検討が行われた当初から、預貯金債権を対象とする制度の創設が構想されていた。

(2)　情報取得の許容性

　平成 15 年法改正の際にも預貯金債権を念頭に第三者からの情報取得手続を創設することについて議論がなされていた。しかし、当時のわが国における銀行等の情報管理体制を前提とすると、各金融機関の支店に対して債務者の預貯金口座の有無を照会するほかない状況にあったのに対し、預貯金債権に対する強制執行の申立ては、預貯金債権が存在することの立証を要さず、預貯金の種類等についても厳密な特定を要求しないで債権差押命令を発令した上で、銀行等に対する陳述催告（法 147 条）によって預書金債権の存否等を確認するという手続になっており、かかる執行実務を踏まえると、銀行等から情報を取得する制度を創設するメリットに乏しいとされていた[2]。しかし、その後の銀行等の情報管理体制の変化により、現在は、銀行等の本店に対して照会をすれば、その全ての支店で取り扱われている債務者の預貯金債権に関する情報を検索し回答することができる体制となっており、かつ銀行等に過度の負担を掛けることなく債務者の預貯金債権の提供を求めることができる体制が整備されている。さらに、債務者の預貯金債権に係る情報については、銀行等の営業秘密が含まれるものではなく、これを秘匿しておくことについて独自の利益があるとは想定されないことなどから、銀行等に預貯金に係る情報の開示義務を課すことは許容されるものと解される[3]。

---

　1)　銀行等の支店を限定せず全ての支店を対象とした上で、「複数の店舗に預貯金
　　　債権があるときは、支店番号の若い順序による。」として、預貯金債権に対する
　　　強制執行を申し立てる方式をいうが、最高裁において全店一括順位付け方式に
　　　よる申立ては不適法であるとされたため（最三小決平成 23 年 9 月 20 日民集 65
　　　巻 6 号 2710 頁）、基本的に、かかる方式による申立てをすることはできない。
　2)　部会資料 2・8 頁以下

　以上のような検討を踏まえ銀行等から債務者の預貯金債権に係る情報取得手続が創設されることになった。

2　本制度の対象となる情報の内容

(1)　情報開示を求めることができる第三者

　情報開示を求めることができる第三者は、銀行等である。本制度における銀行等とは、わが国において預貯金を取り扱う機関であり、改正法207条1項1号上段に列記されている。具体的には、①銀行、②信用金庫、③信用金庫連合会、④労働金庫、⑤労働金庫連合会、⑥信用協同組合、⑦信用協同組合連合会、⑧農業協同組合、⑨農業協同組合連合会、⑩漁業協同組合、⑪漁業協同組合連合会、⑫水産加工業協同組合、⑬水産加工業協同組合連合会、⑭農林中央金庫、⑮株式会社商工組合中央金庫、⑯独立行政法人郵便貯金簡易生命保険管理・郵便局ネットワーク支援機構が、これに該当する[4]。

(2)　提供される情報の内容

　本制度において提供を受けることができる情報の範囲は、預貯金債権（民法466条の5第1項に規定する預貯金債権をいう）に対する強制執行または担保権の実行の申立てをするのに必要となる事項として最高裁判所規則で定める情報である（法207条1項1号下段）。具体的には、「預貯

---

[3]　このほかに、法制審議会民事執行法部会における審議においては、たとえば改正された民法の債権譲渡制度において、他の債権と異なり譲渡禁止の効力が認める特則（民法466条の5）が設けられるなど、現行法制度において特殊な扱いがされていることを預貯金債権等に係る情報の開示義務を課すことを正当化する根拠とする意見も出された（第2回議事録45頁〔山本克己委員〕）。

[4]　日本国内の支店で取り扱われている預貯金債権であれば、外国の銀行の預貯金債権も本制度の対象となる。これに対し、日本の銀行か外国の銀行であるかを問わず、日本国外の支店で取り扱われている預貯金債権については、当該預貯金債権の情報が日本国内において管理されているといえるか否かを踏まえて個別に判断されることになると解される（内野ほか(2)25頁）。

金債権の存否並びにその預貯金債権が存在するときは、その預貯金債権を取り扱う店舗並びにその預貯金債権の種別、口座番号及び額」（規則191条1項）である。

　この点、現在の預貯金債権の差押えの実務においては、個別の預貯金債権を特定することは要さず、取扱店舗の特定をした上で、預金債権の種類や口座番号などにより順位付けをして申立てをすることが許容されている。したがって、預貯金の種類や金額などについては、預貯金債権に対する強制執行を行うために必ずしも必要な情報ではないが、債権者としては、実効的に請求債権を回収するためには、具体的に存在する預貯金債権に関する情報を参考にした上で差押命令を申し立てる必要があると考えられることを踏まえ、預貯金債権の内容に関する事項についても、銀行等が提供すべき情報とすることとされた[5]。

5）　法制審議会民事執行法部会における審議においては、これに加え、詐害行為取消権を行使する前提などとして口座の取引履歴も提供を求めることができる情報の範囲に含めるべきとの意見もあったが、強制執行の準備のための手続とする制度の目的を大きく超えるとの批判や、銀行等の負担が大きいとの批判があり、改正法では、提供を求める情報の対象には含まれないこととされた。

Q15

金融機関等からの情報取得手続のうち、振替社債等に係る情報取得手続の概要はどのようなものか。また、なぜ振替社債等に関する情報が開示を求めることができる対象とされたのか。

A

振替社債等に係る情報取得の手続は、執行力のある債務名義の正本を有する債権者が、振替機関等（社債、株式等の振替に関する法律2条5項に規定する振替機関をいう）に対して、債務者が有する振替社債等（同法279条に規定する振替社債等であって、当該振替機関等の備える振替口座簿における債務者の口座に記載され、または記録されたものに限る）に関する情報の提供を求めることができる手続である。振替社債等は、特に市場性のある上場株式等については、通常、財産的価値が大きく、その換価が容易であることなどから、債権者にとっては、強制執行の対象とする必要性が特に高い財産である一方、振替社債等の取扱いをしている口座管理機関が極めて多数あることから、債務者の取引口座が開設された振替機関等がわからない場合には、預貯金等債権におけるのと同様の問題状況にあり、振替社債等に係る情報を取得する必要性は高いと考えられることから、改正法において債務者の振替社債等に係る情報提供を求める手続が設けられることとなった。

【解　説】

1　振替社債等に係る情報取得手続が創設された経緯

(1)　情報取得の必要性

近年の法人・個人による資産保有形態が、現預金から金融商品へと変化をしていることが指摘されているところ、かかる資産保有形態の変化により、強制執行による債権回収の対象として、株式等の金融資産の重要性が増しているとの指摘がなされている。特に、市場性のある上場株

式等については、一般に財産的価値が大きく、その換価も容易であると解されるが、これに加えて、振替社債等に関する強制執行の規律（規則150条の2〜150条の8）の整備により、その換価手続が確立されていることなども踏まえれば、上場株式等は、債権回収のための強制執行の対象として非常に重要であり、また振替社債等の種類を限定することなく振替社債等全般を対象とする包括的な差押えの申立てをすることが許容されている現在の執行実務を踏まえれば、包括的な差押えの申立てをしようとする債権者としては、上場株式等に限定せず全ての種類の振替社債等に関する情報を取得することが必要と考えられる。

　この点、現在の債権執行実務においては、差し押さえる対象となる債権の存否についての立証や、対象となる債権の厳密な特定は必ずしも要求されていないことから、振替社債等に対する強制執行においても、対象となる振替社債等を厳密に特定しない探索的な差押えが可能ではある。しかし、特に上場株式等は処分することが容易であるところ、現状において振替社債等の取扱いをしている口座管理機関はきわめて多数であることから[1]、債務者が取引をしている振替機関等の情報がない場合には、預貯金債権に対して強制執行を申し立てる場合と同様の問題状況にあると考えられる。そのため、預貯金債権に係る情報と同じく、振替機関等から振替社債等に係る情報取得手続を創設する必要性は高いものと考えられる。

(2)　情報取得の許容性

　本手続において情報提供が求められる振替機関等として想定される銀行や証券会社等においては、すでに内部に情報管理システムを整備していると考えられ、かかる状況を前提とすれば、情報提供をすることに伴う第三者の負担は、必ずしも大きくないと解される。また、振替社債等

---

1)　部会資料17－1・24頁の注1）によれば、株式会社証券保管振替機構の株式等振替制度（上場株式等を取り扱う振替制度）においては、直接口座管理機関（機構加入者）が170社、間接口座管理機関が123社あり、投資信託振替制度においては、直接口座管理機関（機構加入者）が172社、間接口座管理機関が638社あるとされている。

の差押えに関する執行実務においては、債務者の振替口座が開設された振替機関等の取扱店舗や債務者が有する振替社債等の種類や銘柄等を具体的に特定しない形で差押命令を発令することが認められており、振替機関等は、かかる差押命令に従い、差押えに係る振替社債等の存否等を陳述しなければならないとされている（規則150条の8、民訴法147条1項）ことを踏まえれば、振替機関等に振替社債等に係る情報としてその差押えに必要な情報の提供を求めることは可能であると考えられる。

　以上のような検討を踏まえ振替機関等から債務者の振替社債等に係る情報取得手続が創設されることになった[2]。

2　本制度の対象となる情報の内容

(1)　情報開示を求めることができる第三者

　情報開示を求めることができる第三者は、社債、株式等の振替に関する法律2条5項に規定された振替機関等であり、「振替機関」と「口座管理機関」がある。

　このうち「振替機関」は、同法3条1項により振替業を営むものとして指定された者をいい（同法2条2項）、具体的には、株式会社証券保管振替機構と日本銀行がこれにあたる。

　また、「口座管理機関」は、同法44条の規定により社債等の振替を行うための口座を振替機関または他の口座管理機関に開設した者をいい（同法2条4項）、具体的には、銀行等や証券会社等の金融商品取引業者がこれにあたる。

---

2)　このほかに、振替社債等以外の金融商品に係る情報取得を創設することを求める意見も出されたが、かかる金融商品は一般に市場性に乏しく情報取得の必要性は必ずしも大きくないことや、振替社債等のような情報管理体制が取られているとは限らず第三者への負担が大きくなる可能性があることから、振替社債等以外の金融商品については、情報取得の範囲には含まれないこととされた。

(2)　提供される情報の内容

本手続において提供を受けることができる情報の範囲は、債務者の有する振替社債等に関する強制執行または担保権の実行の申立てをするのに必要となる事項として最高裁判所規則で定めるものであり、この振替社債等については、社債、株式等の振替に関する法律279条に規定する振替社債等であり、かつ、情報の提供を命じられた振替機関等の備える振替口座簿における債務者の口座に記載され、または記録されたものに限る、とされている（法207条1項2号下段）。

これは、現行の振替制度では、通常、一般投資家は、振替機関から直接口座の開設を受けることはなく、口座管理機関または他の口座管理機関から振替のための口座の開設を受けている口座管理機関から口座開設を受け、当該口座で取引を行うこととなることから、振替機関と一般投資家との間には複数の口座管理機関が介在することがあり得るが、かかる場合において、当該一般投資家の有する振替社債等に関する情報を把握することができるのは、当該一般投資家の口座が開設されている直近上位の口座管理機関のみであり、これ以外の振替機関等に情報の提供を求めたとしても適切な回答を得ることは困難であると考えられるため、提供すべき情報については、情報提供を求められた振替機関等が備える振替口座名簿に記載等された情報に限ることが相当と考えられたためである。

また、本手続により、債務者の有する振替社債等に関する強制執行または担保権の実行の申立てをするのに必要となる事項として振替機関等から提供される情報は、債務者の有する振替社債等（ただし、社債、株式等の振替に関する法律279条に規定する振替社債等であって、情報の提供を命じられた振替機関等（法207条1項2号に規定するものをいう）の備える振替口座簿における債務者の口座に記載され、または記録されたものに限る。以下同様）の存否ならびにその振替社債等が存在するときは、当該振替社債等の銘柄および額または数である（規則191条2項）。

Q16

　金融機関等からの情報（預貯金債権に係る情報および振替社債等に係る情報）取得手続を申し立てるには、どのような要件が必要とされているのか。預貯金債権に係る情報取得手続を申し立てる場合と、振替社債等に係る情報取得手続を申し立てる場合に要件に違いはあるのか。

A

　金融機関等からの情報取得手続の申立要件は、不奏功要件等債務者に対する財産開示手続と同様の要件が求められているが、債務者に対する財産開示手続において求められている３年間の再実施制限の要件は設けられておらず、また、不動産に係る情報取得手続や給与債権（勤務先）に係る情報取得手続において必要とされる財産開示期日から３年以内に限りすることができるとする財産開示手続の前置の要件が不要とされている。また、預貯金債権に係る情報取得手続を申し立てる要件と振替社債等に係る情報取得手続を申し立てる場合の要件は、基本的に同一である。

【解　説】

1　申立権者

　預貯金債権に係る情報取得手続および振替社債等に係る情報取得手続の申立権を有するのは、執行力のある債務名義の正本を有する債権者（法 207 条 1 項）、および債務者の財産について一般の先取特権を有することを証する文書を提出した債権者（同条 2 項）である。
　このうち、執行力のある債務名義の正本を有する債権者については、債務名義の種類や債権の内容により制限をする規定は設けられておらず、金銭債権についての強制執行を申立てることができる債務名義であれば、いずれの種類の債務名義であっても申立てをすることができるとされており、この点は、改正された債務者に対する財産開示手続と同様

である（詳細は Q4 の解説を参照）。

2　強制執行開始のための一般的な要件

　第三者からの情報取得手続は、強制執行の準備として行われる手続との位置付けから、預貯金債権に係る情報取得手続および振替社債等に係る情報取得手続についても、強制執行の実行を申し立てることができる場合に限り認められる。したがって、執行力のある債務名義による本手続の申立てにあたっては、「執行力のある債務名義の正本に基づく強制執行を開始することができないとき」（法 207 条 1 項但書）には、預貯金債権に係る情報取得手続および振替社債等に係る情報取得手続の申立てをすることができないとされており、この点は、不動産に係る情報取得手続等と同様である[1]。

3　不奏功等要件

　貯金債権に係る情報取得手続および振替社債等に係る情報取得手続を行うには、財産開示手続の申立てをするための要件と同様に、先に実施した強制執行の不奏功等の要件（法 197 条 1 項各号、2 項各号）が必要であり、この点も不動産に係る情報取得手続等と同様である[2]。

4　財産開示手続の前置

　債務者の財産状況の調査については、債務者に対する財産開示手続によるのが原則であり、第三者からの情報取得手続は、あくまで債務者に

---

1)　詳細は Q9 の解説を参照。
2)　詳細は Q9 の解説を参照。

対する財産開示手続の補充的な手段として位置付けられている。そのため、基本的には、第三者からの情報取得手続を申し立てるためには、まず債務者に対する財産開示手続を行い、それにも関わらず情報の取得ができなかったという前提が必要と解されている。また、預貯金債権に係る情報取得手続および振替社債等に係る情報取得手続においては、第三者に対する預貯金債権および振替社債等の情報提供を命ずる決定が債務者に告知される前であっても、銀行等および振替機関等は情報提供を行うこととされていることから、債務者に対する財産開示が前置されないとした場合には、債務者が情報開示に対して不服申立をする機会がなく、債務者に対する手続保障の問題が生じることになる[3]。

　他方、債務者に対する財産開示手続の前置を必要とした場合、預貯金債権や振替社債等は、債務者による処分がきわめて容易であることから、債権者が情報提供を受ける前に処分されてしまう可能性が高いと考えられるため、本手続を実効あらしめるためには、手続の密行性が強く要請される。このような債務者に対する財産開示手続の前置を要件とした場合の不利益を考慮した場合、前置しないことによる債務者が被る不利益は、預貯金債権または振替社債等の有無やその内容に関する情報が開示されることに限られ、情報提供によって債務者が被る不利益は、財産開示手続と比べて必ずしも大きくないと考えられる[4]。

　以上のような検討を踏まえ、不動産に係る情報取得手続や給与債権

3)　この点、不動産に係る情報取得手続や給与債権（勤務先）に係る情報取得の手続においては、認容する決定に対して債務者は、執行抗告を申し立てることができ（法205条4項、206条2項）、確定しなければ決定の効力は生じないとされているのに対し（法205条5項、206条2項）、貯金債権に係る情報取得および振替社債等に係る情報取得を認容する決定に対して債務者は、執行抗告をすることができない。

4)　このほかの議論として、預貯金債権に係る情報については、法改正前から一部の銀行において、債務名義を有する債権者からの弁護士会照会（弁護士法23条の2）に応じ、債務者の預貯金債権の有無、存在する場合にはその支店、預金の種類、預金残高などの情報提供を行う実務が定着していたが、債務者に対する財産開示手続の前置が必要とされた場合、改正前において実務上行われていた情報開示から後退したものとなってしまい、新たな制度を創設する意味がなくなってしまうという問題点も指摘された。

（勤務先）に係る情報取得手続のように、債務者に対する財産開示手続において実施された財産開示期日から 3 年以内に限り行うことができるとする財産開示手続の前置に関する要件は不要とされている。

　したがって、たとえば、預貯金または振替社債等以外にみるべき資産が見当たらない可能性が高いと債権者が考える場合には、債務者が情報開示に応じない可能性のある財産開示手続の申立ては行わず、預貯金債権に係る情報取得手続および振替社債等に係る情報取得手続を申し立てることで債務者の財産状況を把握し、迅速な回収を図ることができる可能性がある。

5　再実施の制限

　不動産に係る情報取得の手続や給与債権（勤務先）に係る情報取得の手続と同様に、情報提供をする第三者の負担を考慮して、債務者に対する財産開示手続のような、前に行われた手続から一定期間再実施することができないとする要件は設けられていない。

Q17

　金融機関等からの情報（預貯金債権に係る情報および振替社債等に係る情報）取得手続の申立書には、どのような記載をする必要があるのか。また、申立てに必要な書類は何か。

A

　金融機関等からの情報取得手続の申立ては、書面で行わなければならない。申立書には、申立人、債務者および情報提供を命じられるべき第三者である金融機関等の名称および住所等の当事者に関する記載や申立ての理由のほかを記載する必要がある。また、申立てにあたっては、資格証明書や委任状等の添付書類や、執行力のある債務名義に基づく申立ての場合は執行力のある債務名義を、一般の先取特権に基づく場合には一般の先取特権を有することを証する文書を提出する必要がある。申立書の記載や添付書類等は、預貯金債権に係る情報取得手続および振替社債等に係る情報取得手続に共通である。

【解　説】

1　申立書（巻末資料編書式 1-3-1、1-3-2、1-4-1、1-4-2 参照）

　金融機関等からの情報取得手続の申立ては、書面により行わなければならない（規則1条）。預貯金債権に係る情報取得手続および振替社債等に係る情報手続の申立書の記載事項は、つぎのとおりである（規則187条1項）。

(1)　当事者

　申立人、債務者および債務の提供を命じられるべき者の氏名または名称および住所を記載する必要がある。また、代理人による場合には、代理人の氏名および住所の記載も必要である（規則187条1項1号）。

　当事者の記載は、通常、「当事者目録」として別紙において行う。当

事者のうち債務者については、できる限り、氏名または名称の振り仮名、生年月日および性別その他の債務者の特定に資する事項を記載しなければならない（規則 187 条 2 項）[1]。

「その他の債務者の特定に資する事項」としては、債務者の旧姓や過去の住所地などを記載することが考えられる。これは、情報提供を命じられた金融機関等は債務者の氏名、住所と預貯金債権または振替社債等の口座名義人として記録されている情報を照合して検索することになると考えられるが、金融機関等が有する口座名義人の情報は、改姓や転居による住所移転などに合わせて変更されているとは限らず、現在の債務者の情報と金融機関等が有する債務者の情報が一致しない可能性があると考えられるからである。

(2)　申立ての理由

申立ての理由の記載は、第三者からの情報取得を求めることができる要件があることを記載する必要がある。具体的には、法 197 条 1 項各号または同条 2 項各号のいずれかに該当すること（法 207 条 1 項、2 項）を記載し、また、申立ての理由の記載にあたっては、申立てを理由付ける事実を具体的に記載し、かつ、立証を要する事由ごとに証拠を記載しなければならない（規則 187 条 4 項、27 条の 2 第 2 項）。

(3)　請求債権または担保権・被担保債権・請求債権

金融機関等からの情報取得手続の申立権を有するのは、執行力のある債務名義を有する債権者または一般の先取特権を有することを証する書類を提出した債権者であることから、それぞれの区分に応じて、請求債権（執行力のある債務名義による場合）または担保権・被担保債権・請求債権（一般の先取特権による場合）を記載する。

---

1)　これらの事項の記載を欠いたとしても、ただちに申立てが却下されることはないと考えられるが、銀行等では、債務者の振り仮名により債務者の検索を行うとされており、振り仮名を記載しないと検索および情報提供に時間を要することとなる可能性があることから、債権者としては可能な限り記載すべきと考えられる。

　これらの記載は、通常、「請求債権目録」または「担保権・被担保債権・請求債権目録」として別紙において記載をする。

　以上の申立書に関する記載方法の注意点は、不動産に係る情報取得手続におけるものと同一である[2]。

2　証拠書類

(1)　執行力のある債務名義の正本を有する債権者の場合

ア　執行力のある債務名義の正本

　法 22 条各号に記載された債務名義であるが、執行力が必要であることから、執行文の付与（法 26 条）が必要であるが、執行文の付与を受けずに強制執行を申し立てることができる少額訴訟における確定判決または仮執行宣言付少額訴訟判決もしくは支払督促（法 25 条但書）および金銭の支払を命ずる仮処分（民保法 43 条 1 項本文）については、執行文の付与は不要であることは、不動産に係る情報取得手続におけるのと同一である。

イ　送達証明書

　債務名義が債務者に送達されていることは、強制執行開始の要件とされていることから（法 29 条）、送達証明書の提出が必要であるが、債務名義の送達前であっても強制執行ができる金銭の支払を命ずる仮処分（民保法 43 条 3 項）は、送達証明書を提出する必要がない。

ウ　確定証明書

　仮執行宣言の付された債務名義を含め、全ての債務名義に申立権が認められることになったことから、確定証明書の提出は不要である。

　2）　詳細は Q10 の解説を参照。

エ　その他の証拠書類

　債務名義が更正されている場合には更正決定正本、担保を立てることを強制執行の実務要件とする債務名義の場合は担保を立てたことを証する文書（法 30 条 2 項）、引換給付判決の場合は反対給付の履行または提供を証する文書（法 31 条 1 項）、代償請求の場合は他の給付について強制執行の目的を達することができなかったことを証する文書（同条 2 項）を提出する必要がある。

(2)　一般の先取特権を有する債権者の場合

　一般の先取特権を有することを証する文書を提出する必要があるが、文書の形式や種類を問わず、私文書でもよい。たとえば、雇用関係に基づく債権（民法 306 条 2 号）として給料債権を請求する場合、雇用契約書や過去の給与明細書、出勤簿などが証明文書に該当する。

(3)　共通に必要な証拠書類

ア　不奏功等要件に関する証拠書類

(ア)　1 号に基づく場合

　申立日前 6 か月以内に実施された配当表または弁済金交付計算書の謄本、開始決定正本または差押命令正本、配当期日呼出状などを提出する必要がある。

(イ)　2 号に基づく場合

　申立人が、債権者として通常行うべき調査を行った結果、知れている財産がどれだけ存在するのか、またそれらの財産に対する強制執行（担保権の実行）を実施しても請求債権の完全な弁済を得られないことの証拠書類を提出する必要がある。

　これら不奏功等要件に関する証拠書類の注意点は、不動産に係る情報取得手続におけるのと同一である（詳細は Q10 の解説を参照）。

イ　財産開示前置の要件に関する証拠書類

　不動産に係る情報取得手続や給与債権（勤務先）に係る情報取得手続の場合と異なり、財産開示前置の要件は不要なため、この要件に関する

資料を提出する必要はない。

3　その他の添付書類

　当事者が法人の場合には、代表事項証明や資格証明等、代理人による場合には委任状、債務名義上の住所、氏名等が現在のものと異なる場合は、戸籍の附票、履歴事項証明書などの繋がりを証明する書類が必要である[3]。

---

3)　債務名義上の表示と異なる場合以外にも、債務者を特定する事項として旧姓や過去の住所地などを記載する場合には、繋がりがわかる書類として、戸籍の附票や履歴事項証明書を提出する必要がある。

Q18

第三者からの情報取得手続の申立てについての裁判に対する不服
申立には、どのような方法があるのか。

A

　第三者からの情報取得手続の申立てについての裁判に対する不服申立に
ついては、債権者、債務者および情報提供を命じられた第三者のそれぞれ
の立場から行うことが考えられる。第三者からの情報取得手続の申立てに
ついて却下する裁判に対して債権者は、全ての手続において執行抗告をす
ることができるのに対し、第三者からの情報取得手続の申立てについて認
容する裁判のうち、金融機関等（銀行等および振替機関等）に情報提供を命
じる裁判に対して、債務者は執行抗告をすることができない。また、執行
抗告以外にも、債権者の債務名義や執行文付与について、請求異議の訴え
や執行文付与に対する異議の訴えと共に強制執行停止の裁判を申し立てる
方法がある。

【解　説】

1　不服申立の方法（執行抗告）

　執行裁判所の裁判により不利益を受けた者が、裁判所に対して不服申
立をする方法としては執行抗告がある。執行抗告は、執行裁判所の執行
処分に対し、主としてその手続上の違法を主張して裁判の取消し・変更
を求める上訴であり、特別の定めがある場合に限り認められる（法 10
条 1 項）[1]。第三者からの情報取得手続の申立てについての裁判は、執行
裁判所の執行処分であることから、特別の定めがある場合には執行抗告

---

1)　中野貞一郎『民事執行法〔増補新訂 6 版〕（現代法律学全集）』（青林書院、
　2010）87 頁。

をすることができる。

執行抗告は、当該裁判により不利益を受ける当事者に不利益を回避するために反論の機会を与える一方で、反論の機会を与えるためあらかじめ裁判の内容が不利益を受ける当事者に告知されることになり、これによる不都合があり得る[2]。

そのため、改正法においては、第三者からの情報取得手続の申立てについての裁判に対する執行抗告を認めるか否かについては、不利益を受ける当事者に反論の機会を与える必要性と執行抗告を認めることによる不都合を踏まえた規定が設けられている。

2 第三者からの情報取得手続についての裁判に対する執行抗告

(1) 債権者からの執行抗告

第三者からの情報取得手続の申立てについて却下する裁判がなされた場合、債権者は、第三者から債務者の財産に係る情報の提供を受けることができないという不利益があり、執行抗告を認める必要性が大きい。これに対し、執行抗告を認めることによる不都合は想定されない。

そのため、第三者からの情報取得手続の申立てについて却下する裁判については、債権者は、不動産に係る情報取得手続、給与債権（勤務先）に係る情報取得手続、預貯金債権に係る情報取得手続および振替社債等に係る情報取得手続の全てにおいて執行抗告をすることができる（法205条4項、206条2項、207条3項）。

(2) 債務者からの執行抗告

第三者からの情報取得手続の申立てについて認容する裁判がなされた場合、債務者は、自らの財産に関わる情報が債権者に開示されるという不利益がある。他方、預貯金債権や振替社債等は、処分が容易であり流

---

2) 申立ての要件として、財産開示手続の前置を必要とするか否かについても、これと同様の問題がある。

93

動性の高い財産であることから、執行抗告を認めてあらかじめ認容する裁判を債務者に送達してしまうと、執行抗告で争うなどされている間にこれらの資産が処分されてしまう可能性があり、執行抗告を認めることによる不都合が大きいと考えられる。そして、この場合における債務者の不利益は、預貯金または振替社債等に係る情報が債権者に開示をされてしまうということにあるが、仮にその貯金等が差し押さえられた場合には、裁判所書記官からの陳述催告に基づき、銀行等が陳述をしなければならない情報であり、この場合にも債務者の不服申立を行う機会がないことなどに鑑みれば、債務者の不利益は大きなものとはいえず、執行抗告を認めることによる不都合に鑑みれば、執行抗告を認めないことに合理性があると考えられる。そのため、改正法では、手続の密行性に対する配慮がなされ、債務者に、預貯金債権に係る情報取得および振替社債等に係る情報取得を認容する決定に対する執行抗告は認められていない[3]。

　これに対し、不動産に係る情報取得手続および給与債権（勤務先）に係る情報取得手続については、債務者に認容する決定に対する執行抗告をすることが認められている（法205条4項、206条2項）。これは、不動産や給与債権は預貯金や振替社債等に比べ処分が容易ではないと考えられることに鑑み、債務者に反論の機会を設けることによる不都合は大きくなく、執行抗告を認める必要があるとの考えによるものである。そのため、不動産に係る情報取得手続および給与債権（勤務先）に係る情報取得手続の申立てを認容する決定がなされた場合には、債務者に当該決定を送達しなければならず（法205条3項、206条2項）、当該認容決定が一般の先取特権を有する債権者からの申立てによる場合には、実質的な債務者の反論の機会を与えるため、当該認容決定に加えて、債権者

3）　これらの手続について財産開示手続の前置が不要とされているのも、これと同様の趣旨が含まれている。そして、財産開示手続の前置も不要とされていることから、債務者は、預貯金等に係る情報が提供される前に不服申立をすることができない。仮に、誤った認容決定により債権者に情報提供がなされてしまったことに対する手当は、事後的に債権者に対する損害賠償請求をする以外にない。

が執行裁判所に提出した一般の先取特権を有することを証する文書の写しもあわせて送達することとされている（法205条3項かっこ書）。

そして、これらの認容決定は、確定しなければその効力を生じない（法205条5項、206条2項）ことから、債務者は、執行抗告により債権者の申立てに対する反論をすることが可能である。

(3) 第三者からの執行抗告

不動産に係る情報取得手続および給与債権（勤務先）に係る情報取得の申立てに対する裁判に対する執行抗告については、改正法は、規定上、申し立てることができる当事者を限定していないことから、情報提供を命じられた第三者も執行抗告を申し立てることが可能とも解される（法205条4項、206条2項）。しかし、一般に執行抗告の申立権は、抗告の利益を有する者に認められているところ、情報提供を命じられたことによる第三者の不利益は想定されず、通常、抗告の利益は認められないと解されることから、情報提供を命じられた第三者は、執行抗告を申し立てることができないものと考えられる[4]。

3 執行抗告以外の不服申立の方法

債務名義に係る請求権の存在または内容について異議のある債務者は、請求異議の訴え（法35条1項）をすることができる。また条件成就執行文（法27条1項）や承継執行文（同条2項）が付与された場合において、債権者が証明すべき事実の到来したことや承継について異議のある債務者は、執行文付与に対する異議の訴えをすることができる（法34条1項）。そして、債務者は、これらの訴えと共に、強制執行停止の申立てを行い（法36条1項）、強制執行の停止を命じる裁判を執行裁判所に提出する方法により、不服申立をすることができる。

---

4) 劔持25頁。

Q19

　第三者から提供された情報を保護するための制度にはどのような
ものがあるのか。

A

　第三者から提供された情報を保護するため、改正法では、事件記録の閲
覧等をすることができる者を制限しているほか、第三者から提供を受けた
情報の目的外使用を禁止するとともに、これに違反した者に対しては、
30 万円以下の過料の制裁に処することとされている。

【解　説】

1　第三者から提供を受けた情報を保護する必要性

　第三者からの情報取得手続は、強制執行の準備手続として、強制執行
を申し立てるのに必要な債務者の財産に関する情報を、第三者から取得
するための手続である。

　第三者から提供されるのは、強制執行の準備のために第三者から取得
する必要性が高い情報であることを前提に、裁判所の命令により情報提
供を義務付けられた第三者から提供された債務者の財産に関する情報で
ある。かかる情報の中には、第三者が守秘義務を負う情報である債務者
の個人情報や営業秘密など秘匿性の高い情報が含まれており、債務者の
利益に対しても十分な配慮をする必要があると考えられる。

　以上のような検討を踏まえれば、第三者からの情報取得手続による情
報を保護する必要性が認められ、改正法では、第三者からの情報取得手
続に係る事件記録の閲覧等の制限のほか、罰則付で第三者からの情報取
得手続に係る事件に関する情報の目的外利用の制限が定められている。

2 第三者からの情報取得手続に係る事件記録の閲覧等の制限

　執行裁判所の行う民事執行について、利害関係を有する者は、裁判所書記官に対し、事件の記録の閲覧、謄写を申請することができるとされている（法17条）。しかし、第三者からの情報取得手続については、通常の民事執行事件とは異なり、上記したとおり、取得された情報には秘匿性の高い情報が含まれていることから、かかる情報の保護について特に配慮をする必要があると考えられる。

　そのため、改正法は、事件記録の閲覧、謄写に関する特則として、第三者からの情報取得手続に係る事件記録の閲覧、謄写ができる者の範囲を、つぎのとおり制限する規定を設けている（法209条）。

(1) 不動産に係る情報取得手続、預貯金に係る情報取得手続および振替社債等に係る情報取得手続（1項）

　① 申立人（1号）

　② 債務者に対する金銭債権について執行力のある債務名義の正本を有する債権者（2号）

　③ 債務者の財産について一般の先取特権を有することを証する文書を提出した債権者（3号）

　④ 債務者（4号）

　⑤ 当該情報の提供をした者[1]（5号）

(2) 給与債権（勤務先）に係る情報取得手続（2項）

　① 申立人（1号）

　② 債務者に対する151条の2第1項各号に掲げる義務（扶養義務等）に係る請求権または人の生命もしくは身体の侵害による損害賠償請求権について執行力のある債務名義の正本を有する債権者（2号）

---

　1) 裁判所の開示命令に応じて情報提供をした第三者であるが、閲覧、謄写ができる部分は、自らが提供をした情報部分に限られ、他の第三者が提供をした情報部分の閲覧、謄写は認められない。

③　債務者（3 号）
④　当該情報の提供をした者[2]（4 号）

3　第三者からの情報取得手続に係る事件に関する情報の目的外利用の制限

(1)　改正法における規律

　もともと、第三者からの情報取得手続において、第三者に対し情報提供を求めることが正当化されるのは、債権者が強制執行を行うのに必要な情報であることが前提とされており、あくまでかかる必要性のもとで情報取得が許容されるものである。とすれば、正当化することが認められない目的で第三者から取得した情報を利用することは許されないと考えられる。

　そこで、改正法は、申立人は、第三者からの情報取得手続において得られた債務者の財産に関する情報を、当該債務者に対する債権をその本旨に従って行使する目的以外の目的のために利用し、または提供してはならないと定めている（法 210 条 1 項）。また、事件記録の閲覧、謄写により情報を取得した者についても同様の利用制限が課されている（同条 2 項）。

(2)　「債務者に対する債権をその本旨に従って行使する目的」の意義

　改正法は、第三者からの情報取得手続において取得した債務者の財産に関する情報を、「債務者に対する債権をその本旨に従って行使する目的以外の目的」に利用または提供してはならないと定めているが、どのような場合に「債務者に対する債権をその本旨に従って行使する目的」に該当するのかは、個別具体的な事案に応じて判断される。

---

2)　法 209 条 1 項 5 号と同じく、閲覧、謄写ができるのは、自らが提供をした情報部分に限られる。

ア　目的の範囲内と認められる利用

　第三者から提供を受けた情報に基づき、債務者の財産に対して強制執行を行うことは、「債務者に対する債権をその本旨に従って行使する目的」のために利用したといえる典型的な場面といえるが、このほかの場面として、債務者の倒産手続に関する申立てを行うために利用する場合、裁判外で任意の弁済を求めるための交渉、私的整理や任売売却など法定処理手続以外の方法で違法不当ではない手続のために利用することも許されると解される[3][4]。

イ　目的の範囲内と認められない利用

　これに対し、たとえば、債務者に対する新規融資の可否を判断する目的や、新たな担保を取得する目的による利用は、「債務者に対する債権をその本旨に従って行使する目的」には含まれないと解される[5]。

4　罰　　則

　第三者から提供を受けた債務者の財産に係る情報の利用制限に関する規定に反して、情報を目的外に利用し、または提供した者は、30万円以下の過料に処される（法214条2項）。これは、債務者に対する財産開

---

3)　内野ほか(2) 29頁。
4)　たとえば、人の生命または身体の侵害による損害賠償請求権についての執行力のある債務名義に基づき取得した債務者の給与債権（勤務先）の情報を利用して、同じ債務者に対して有する別の債権の回収のために利用した場合、情報の目的外利用に該当するかが問題となる。人の生命または身体の侵害による損害賠償請求権と同じ債務名義上の債権については、目的外利用には該当しないと解される。また、別の債務名義上の債権であったとしても、もともと財産開示手続が前置され、債務者は、自らの財産状況を債権者に開示すべき義務を負っているのであり、条文の文言上も「当該債務者に対する債権をその本旨に従って行使する目的」は目的の範囲に含まれるとしていることから、かかる目的による利用も許されると解される（鷹取信哉「債務者財産の開示制度の概要と実務上の留意点」自由と正義2019年12月号22頁）。
5)　部会資料20－2・10頁。

示手続における情報の目的外利用における規律（同条 1 項）に平仄を合わせたものである。

Q20

債権者として新設された第三者からの情報取得手続を利用するにあたって、実務上どのような点に留意すべきか。

A

　第三者からの情報取得手続は、債務者の財産状況を調査する手続として、債務者に対する財産開示手続と並んで新たな手段を提供するものであるが、債務者に対する財産開示手続が原則的な手続とされていることや、提供を求めることができる第三者および情報が限られていることに加え、提供を求める情報ごとに申立ての要件も少しずつ異なっていることなどを踏まえ、債権者としては、個別の状況に応じて、適切な手続を選択する必要がある。

【解　説】

1　第三者から情報取得手続を利用するにあたっての留意点

　第三者からの情報取得手続は、改正法によって新たに設けられた手続であり、債務者に対する財産開示手続の改正とあわせて、民事執行制度の実効性が大幅に強化されるものと期待されるが、第三者からの情報取得手続は、提供を受ける第三者および情報の内容により、申立ての要件が少しずつ異なるなどしており、債権者としては、それぞれの手続の内容を踏まえた適切な手続を選択する必要があると考えられる。

　そこで、それぞれの手続ごとに債権者として留意すべき主なポイントについて検討する。

2　不動産に係る情報取得手続の留意点

(1)　財産開示手続の前置が必要である点

　不動産に係る情報取得手続を申し立てるためには、債務者に対する財産開示手続において実施された財産開示期日から 3 年以内に限り行うことができるとする、財産開示手続前置の要件がある（法 205 条 2 項）。そのため、債務者に対する財産開示手続において財産開示期日が実施されたにも関わらず、債務者から情報開示がなさなかった場合に、それから 3 年以内に限り申し立てることが可能であり、財産開示期日が実施されなかった場合には、この申立てをすることはできない。たとえば、債務者の住所、居所その他送達すべき場所がわからない場合（公示送達による場合）は、財産開示手続を利用することができないとされているため[1]、不動産に係る情報取得手続の申立てはできない。

(2)　確定しなければ効力が生じない点

　不動産に係る情報取得手続の申立てを認容する決定は、債務者に送達され（法 205 条 3 項）、確定しなければその効力を生じない（同条 5 項）。登記所による情報提供は、執行裁判所から情報提供を命じられた時点を基準に行われるが、確定までの間に債務者の所有名義が変更されてしまうと登記所から情報提供が受けられない可能性がある。

(3)　不動産の範囲の選択

　不動産に係る情報取得手続を申し立てるにあたっては、登記所が検索すべき対象となる不動産の所在地の範囲を特定する必要がある（規則 187 条 1 項 3 号）。この範囲に関しては、「全国」とする申立ても適法とされているが、現在の登記所における情報管理体制においては、このよ

---

1)　相澤眞木＝塚原聡『民事執行実務　債権執行編（下）〔第 4 版〕』（きんざい、2014）334 頁。

うな申立方法では、回答が得られるまでに相当の期間を要することが見込まれている[2]。そのため、債権者としては、債務者が所有する不動産の所在地の範囲を合理的な範囲に絞った上で申し立てる必要がある。

⑷　債務者の表示上の留意点

　登記所は、情報提供を求める決定上の債務者の住所、氏名などの情報をもとに、不動産登記記録上の債務者名義の不動産を検索することになるが、不動産登記記録上の所有名義人の住所、氏名などの情報は、原則として当該名義人の変更登記の申請を待って変更されることになることから、不動産登記記録上の債務者の情報と現在の債務者の情報が必ずしも一致しているとは限らず、この場合、債務者の所有不動産として回答が得られない可能性がある。そのため、債務者が住所変更や改姓などをしている場合には、「その他の債務者の特定に資する事項」（規則187条2項）として、過去の住所地や旧姓などを記載する工夫が必要である。

3　給与債権（勤務先）に係る情報取得手続の留意点

⑴　債権の種類が限定されている点

　給与債権（勤務先）に係る情報取得手続は、法151条の2第1項各号に掲げる義務に係る請求権（扶養料等債権）または人の生命もしくは身体の侵害による損害賠償請求権について執行力のある債務名義を有する債権者のみに申立権が認められているため（法206条1項）、これら以外の債権を有する債権者は、この申立てをすることができない。仮に債務者が給与債権以外に見るべき資産を有していないことが明らかである場合には、債務者に対する財産開示手続において、債務者から勤務先について陳述を得る以外にない。

---

　2)　谷藤一弥「改正民事執行法の施行に伴う民事執行規則等の一部改正の概要」金融法務事情2129号（2020）10頁。

(2)　市町村または厚生年金保険の実施機関等の第三者の選択

　給与債権（勤務先）に係る情報提供を求める第三者である市町村また
は厚生年金保険の実施機関等は、それぞれが扱う事務処理のために情報
を管理しているものであり、それぞれの機関が有する情報も異なる。し
たがって、債権者として、これらのうちいずれの機関に情報提供を求め
るのかについては、その保有している情報の違いを踏まえた上で検討す
る必要があり、場合によっては複数の機関を同時に選択して申し立てる
ことも検討する必要がある[3]。

(3)　提供を受けた情報の利用に関する留意点

　上記(1)のとおり、給与債権（勤務先）に係る情報取得手続を申し立て
ることができる債権者は限定されているところ、第三者からの情報取得
手続において得た情報は「当該債務者に対する債権をその本旨に従って
行使する目的以外の目的のために利用し、又は提供してはならない」
（法210条1項）とされており、本手続の申立てが認められない別の債権
の回収のために、給与債権（勤務先）に係る情報を利用することが、目
的の範囲内のものとして認められるか問題となるが、もともと財産開示
手続が前置され、債務者は、自らの財産状況を債権者に開示すべき義務
を負っていることに加え、条文の文言上も、債権に限定を加えずに「当
該債務者に対する債権をその本旨に従って行使する目的」は目的の範囲
に含まれるとしていることに鑑みれば、かかる目的による利用も許され
ると解される[4]。

4　金融機関等からの情報（預貯金債権、振替社債等）取得手続の留意点

(1)　債務者に対する財産開示手続との関係

　金融機関等からの情報取得手続は、財産開示手続の前置の要件は不要

　3)　劒持12頁。
　4)　鷹取信哉「債務者財産の開示制度の概要と実務上の留意点」自由と正義2019
　　年12月号22頁。

であることから、執行力を有する債務名義を有する債権者等は、いずれの手続を選択するのか、順序をどのようにするのかといった点を検討して申し立てる必要がある。この点、債務者が預貯金や振替社債等の口座を有する金融機関等をある程度把握している場合には、まずは当該金融機関等を第三者とする情報取得手続を申し立てることが考えられる。他方、債務者が金融資産を有している可能性が低い場合には、債務者に対する財産開示手続を申し立て、さらにその結果を踏まえ、第三者からの情報取得手続を申し立てるといった方法を検討する必要がある。

(2) 既存の情報取得手続との関係

　預貯金債権に係る情報取得に関しては、法改正前にも、執行力のある債務名義を有する債権者から、いわゆる弁護士会照会により債務者名義の口座の有無の照会を受けた場合、多くの銀行等は、弁護士会照会に応じて回答をするという対応をとっていたとされる。しかし、全ての銀行等が弁護士会照会に応じていたわけではなかったし、また全ての債権者が弁護士に委任をしているわけではないので、弁護士に委任せずに情報の提供を受けられるようになった点は、従前とは異なる。他方で、本手続による回答は、銀行等が開示を命じられた時点における口座の有無等についてであるのに対し、弁護士会照会に対しては、銀行等によっては必要性が認められる場合には過去の履歴情報も開示する運用もなされていたようであり、また弁護士会照会の場合には、情報提供されたことについて債務者への通知もなされないというメリットもあると考えられる（法 208 条 2 項参照）。したがって、既存の手続とのメリットとデメリットを勘案して、手続を選択する必要がある[5]。

---

5)　この点、弁護士会照会との関係について、銀行等の立場から「今回の民事執行法の改正により、強制執行準備を目的とした預貯金情報の取得は、23 条照会に要する費用を考えれば、23 条照会から本手続に移行するものと予想される。また、23 条照会に応じなくても銀行等の照会先に不利益が生じることがないので、23 条照会よりも本手続の利用を求めることになると思われる」との見解が示されている（中原利明「改正民事執行法と金融実務」金融法務事情 2129 号（2020）31 頁）。

(3)　債務者の表示上の留意点

　金融機関等は、債務者から届け出られた住所、氏名などの情報をもとに口座の情報管理をしているが、債務者から変更届が出されない場合には、現在の債務者の情報と相違することになる。この点は、上記2の不動産登記記録情報と同様であり、債務者が住所変更や改姓などをしている場合には、「その他の債務者の特定に資する事項」（規則187条2項）として、過去の住所地や旧姓などを記載する工夫が必要である。

第 **2** 章

不動産競売における
暴力団員等の買受けの防止

Q21

　なぜ不動産競売において暴力団員等の買受けが防止されることに
なったのか。

A

> 　暴力団の活動基盤や資金源となる不動産を暴力団に取得させないため、
> 官民を挙げて不動産取引からの暴力団排除の取組みが推進されてきたが、
> 不動産競売においては、暴力団員による買受けを防止するための方策が講
> じられていなかった。暴力団事務所の取得原因のうち競売または公売が相
> 当な割合を占めていることが判明したこともあり、不動産競売における暴
> 力団員等の買受け防止に関する規定が新設されることとなった。

【解　説】

1　暴力団による不動産取得の必要性とその弊害

　暴力団が資金獲得活動を遂行する上で不動産は必要不可欠の要素であ
る。暴力団にとって不動産は、その実質的な目的である資金獲得活動の
拠点となり、不動産取引への介入は暴力団による典型的な資金源や[1]、
マネー・ローンダリングの手段ともなり得る[2]。
　特に、不動産が暴力団事務所として利用されると、対立抗争のター
ゲット化・拠点化、近隣住民に対する有形・無形の威圧行為、暴力団関
係者の頻繁かつ定期的な出入りによる周辺環境の悪化、青少年への悪影
響、精神的な緊張の継続というような現実的かつ具体的な危害が生じ、

---

　1)　不動産の転売により暴力団が巨額の利益を挙げた例として、平成 18 年、指定
　　暴力団系組幹部が、ホテルを 3 億円で競落し、10 か月後に 6 億 2000 万円で転
　　売したとされる例がある（平成 23 年 10 月 8 日付東京新聞）。
　2)　不動産取引のマネー・ローンダリング・リスクにつき、国家公安委員会「犯
　　罪収益移転危険度調査書（令和元年 12 月）」69 頁等参照。

近隣住民は、危険回避のために、学童幼児の通学・通園路の迂回措置や、被害防止のための継続的監視、警察や地元自治体との継続的な連携といった措置も執らざるを得なくなるなど、その人格権たる平穏に生活する権利は著しく侵害されることとなる[3]。また、売買の目的物件の近隣等における暴力団事務所の存在は近隣不動産の隠れたる瑕疵となり[4]、区分所有建物における暴力団事務所の設置は区分所有権者の共同利益を侵害する[5]。

　このように、暴力団による不動産取得の弊害は著しく、かつ、一度取得されると、所有権の剥奪等の抜本的な解決は著しく困難である。したがって、暴力団による不動産取得の弊害を防止するためには、何よりも、暴力団による不動産取得を許さないことがきわめて重要となる。

2　官民を挙げての不動産取引からの暴力団排除の進展

　平成 19 年 6 月、犯罪対策閣僚会議幹事会が「企業が反社会的勢力による被害を防止するための指針」を策定し、企業は「取引を含めた一切の関係遮断」を求められることとなった。これを受けて、不動産取引からの暴力団排除の必要性も認識されるようになり、以下のように、不動産取引からの暴力団排除が官民を挙げて推進されてきた。

(1)　民間取引からの排除

　不動産流通 4 団体（公益社団法人全国宅地建物取引業協会連合会、公益社団法人全日本不動産協会、一般社団法人不動産流通経営協会および一般社団法人日本住宅建設産業協会（現一般社団法人全国住宅産業協会））は、平

---

3)　近隣住民の人格権侵害を理由に暴力団事務所の使用差止を認めた裁判例として、静岡地裁浜松支決昭和 62 年 10 月 9 日判時 1254 号 45 頁ほか。
4)　暴力団事務所等の存在が近隣不動産の隠れたる瑕疵に該当するとした裁判例として、東京地判平成 7 年 8 月 29 日判タ 926 号 200 頁ほか。
5)　暴力団事務所の設置等が区分所有建物の共同の利益に反するとした裁判例として、福岡地判平成 24 年 2 月 9 日判例秘書 L06750073 ほか。

成 23 年 6 月 9 日、不動産売買、住宅賃貸および媒介各契約書に係る暴力団等反社会的勢力排除のためのモデル条項を策定し、会員各社にその導入を周知・徹底した。また、一般社団法人不動産協会も、平成 23 年 9 月 8 日、反社会的勢力排除条項例（売買契約・賃貸借契約）を策定し、会員各社に導入を周知・徹底した。

　また、平成 22 年から平成 23 年にかけて各都道府県で制定された暴力団排除条例は、取引契約への暴力団排除条項の導入や、不動産の譲渡等に際し、不動産を暴力団事務所の用に供するものでないことの確認を行うべき旨の努力義務を定める等している。また、不動産取引の代理または媒介をする者に対し、自己が譲渡等の代理または媒介をする不動産が暴力団事務所の用に供されることとなることの情を知って、当該不動産の譲渡等に係る代理または媒介をしない旨の努力義務を定める等している（東京都暴力団排除条例 19 条、20 条参照）。

⑵　国等が行う公有地売却からの排除

　国有地の売却に関しては、「一般競争入札等の取扱いについて（平成 3 年 9 月 30 日蔵理第 3603 号）」において、国有地を売却するに際し、物件を暴力団事務所の用に供しようとする者や暴力団関係者には入札参加者の資格を与えず、その者の入札を無効とするなど、契約関係からの暴力団排除が図られている。

　また、地方公共団体が行う公有地の売却に関しても、各地方公共団体の定める要綱等により、暴力団関係者が公有地売却の相手方となることがないよう確認するとともに、暴力団排除条項を導入するなどして、契約関係からの暴力団排除が図られている。

3　不動産競売手続からの暴力団排除の立ち遅れ

　他方、民事執行手続における不動産競売については、平成 20 年 3 月に閣議決定された「規制改革推進のための 3 か年計画（改定）」において、「法務省、警察庁において、関係機関との密接な連携の下に、反社

会的勢力やその関係者における不動産競売への介入に対する問題点と有効な対策について検討を開始し、できる限り早期に結論を得る。」（Ⅱ－4－(1)②）とはされたものの、暴力団員の買受け防止のための法整備はなされていなかった。

このような状況に乗じてか、暴力団は不動産競売を利用した不動産取得を進め、平成21年、日本弁護士連合会民事介入暴力対策委員会が暴力団事務所235件の登記情報を調査したところ、うち24件の取得原因が競売または公売であることが明らかとなった[6]。同様に、警察庁が平成25年末時点で把握していた暴力団事務所約2,300件について登記情報を調査したところ、約210件が競売または公売を通じて取得されていたことが明らかとなった[7][8]。加えて、債権回収の現場においても、執行妨害の手法として、暴力団員による買受けが横行しているとの指摘もなされていた[9]。

かかる状況を受けて、日本弁護士連合会は、平成25年、「民事執行手続および滞納処分手続において暴力団員等が不動産を取得することを禁止する法整備を求める意見書」を公表し、これを契機として、暴力団員の買受けを防止する民事執行手続等の法整備が民間の不動産譲渡や公有

6)　法制審議会民事執行法部会第3回委員等提供資料。なお、平成24年から平成25年にかけて、中部弁護士会連合会民事介入暴力対策委員会が行った調査によれば、中部6県の暴力団事務所100件中8件の取得原因が競売または公売であった（同資料）。

7)　第3回議事録28頁〔奥田関係官〕。なお、警察庁によると、平成29年6月現在では、暴力団事務所約1,700か所のうち、土地もしくは建物またはその両方が競売の経歴を有する暴力団事務所の数は約200か所であり、競落した者の内訳は、暴力団員または暴力団員でなくなった日から5年を経過しない者が約37％、法人で役員に暴力団員等がいる者が約7％、暴力団員の親族等が約24％、準構成員や暴力団との関係が不明な者等が約32％であった（平成31年4月2日衆院法務委員会における藤村博之政府参考人の答弁）。

8)　捜査関係者の証言として、ある指定暴力団の二次団体組長が、警察当局に対し、「（某指定暴力団）では合法的に事務所を構えるため、数年前から競売を奨励する通達が出ている」と説明したとの報道もある（平成25年1月31日付讀賣新聞）。

9)　金融関連法問題研究会「競売からの反社会的勢力の排除について～民事執行手続の改善提言～」預金保険研究2008年6月号15頁。

地売却における取組に比べて立ち後れている現状が広く認識されること
となった結果、不動産競売における暴力団員等の買受け防止に関する規
定が新設されることとなった。

Q22

不動産競売における暴力団員の買受け防止に関する規定の概要は
どのようなものか。

A

1　執行裁判所は、最高価買受申出人または自己の計算において最高価買
　受申出人に買受けの申出をさせた者（以下「最高価買受申出人等」とい
　う）がつぎのいずれかに該当すると認めるときは、売却不許可決定をし
　なければならないものとされた。
　①　暴力団員等（買受けの申出がされた時に暴力団員等であった者を含む）
　②　法人でその役員のうちに暴力団員等に該当する者があるもの（買受
　　けの申出がされた時にその役員のうちに暴力団員等に該当する者があった
　　ものを含む。）
2　不動産の買受けの申し出は、つぎのいずれにも“該当しない”旨を買
　受けの申出をしようとする者（以下「買受申出人」という）が最高裁判所
　規則（民事執行規則）で定めるところにより陳述しなければ、すること
　ができないものとされた。
　①　買受申出人（その者が法人である場合にあっては、その役員）が暴力
　　団員等であること
　②　自己の計算において当該買受けの申出をさせようとする者（その者
　　が法人である場合にあっては、その役員）が暴力団員等であること
3　執行裁判所は、最高価買受申出人等が暴力団員等に該当するか否かに
　ついて、原則として、必要な調査を警察に嘱託しなければならないもの
　とされた。
4　2の陳述につき、虚偽の陳述をした者には、刑罰の制裁が科されるこ
　ととなった。

【解　説】

1　不動産競売における期間入札の手続の概要

　不動産競売において一般的な売却手続である期間入札の手続は、概ね、以下のとおりである。
　① 　買受申出人が、入札期間内において、執行官に入札書を提出する方法で、買受けの申し出を行う。
　② 　執行官が、開札期日において、開札を行うとともに有効な買受けの申出をした買受申出人の中から最高価買受申出人を決定する。
　③ 　執行裁判所が、売却不許可事由の存否を審査し、売却決定期日において、売却の許可・不許可を決定する。
　今般の改正においては、不動産競売における暴力団員の買受けを防止するため、上記の各手続に関し、以下の規定が設けられた。

2　売却不許可事由の新設（Q23、24 参照）

　最高価買受申出人等がつぎのいずれかに該当する場合が、売却不許可事由とされた（法 71 条 5 号）。
　① 　暴力団員等（買受けの申出がされた時に暴力団員等であった者を含む）
　② 　法人でその役員のうちに暴力団員等に該当する者があるもの（買受けの申出がされた時にその役員のうちに暴力団員等に該当する者があったものを含む）

3　買受けの申出の際の陳述（Q25 参照）

　不動産の買受けの申し出は、次のいずれにも"該当しない"旨を買受

申出人が最高裁判所規則（民事執行規則）で定めるところにより陳述しなければ、することができないものとされた（法65条の2）。この陳述を欠く買受けの申出は、無効となる。

① 買受申出人（その者が法人である場合にあっては、その役員）が暴力団員等であること

② 自己の計算において当該買受けの申出をさせようとする者（その者が法人である場合にあっては、その役員）が暴力団員等であること。

4 執行裁判所による売却不許可事由の審査（Q26、27参照）

執行裁判所は、最高価買受申出人等が暴力団員等に該当するか否かについて、原則として、必要な調査を、執行裁判所の所在地を管轄する都道府県警察に嘱託しなければならないものとされた（法68条の4）。

執行裁判所は、審査の結果、最高価買受申出人等が暴力団員等に該当すると認めた場合、売却不許可事由があるものとして、売却不許可決定をしなければならないものとされた（法71条5号）。

5 虚偽の陳述に対する制裁（Q28参照）

法65条の2により陳述すべき事項について虚偽の陳述をした者に対しては、6月以下の懲役または50万円以下の罰金といった制裁が課されることとされた（法213条1項3号）。

【法務省民事局「民事執行法及び国際的な子の奪取の民事上の側面に関する条約の実施に関する法律の一部を改正する法律の概要」より転載】

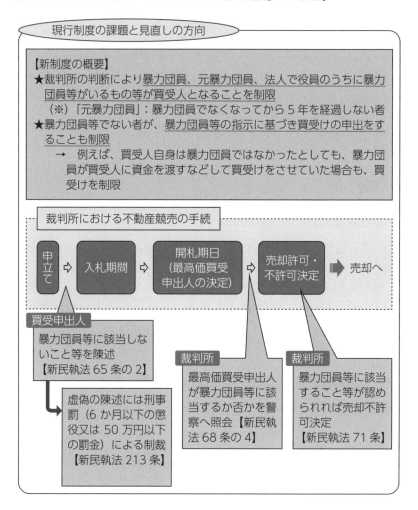

6 売却決定期日の指定

　裁判所書記官は、法64条4項の規定により売却決定期日を指定するときは、やむを得ない事由がある場合を除き、入札期日から「1週間以内の日」を指定しなければならないとされていたが（規則35条2項）、「3週間以内の日」に指定しなければならないものとされた。

　同様に、裁判所書記官は、法64条4項の規定により売却決定期日を指定するときは、やむを得ない事由がある場合を除き、開札期日から「1週間以内の日」を指定しなければならないとされていたが（規則46条2項）、「3週間以内の日」に指定しなければならないものとされた。

7 不動産競売手続以外の競売手続への適用

　法65条の2（暴力団員等に該当しないこと等の陳述）、68条の4（調査の嘱託）および71条5号（暴力団員等に係る売却不許可事由）は、担保不動産競売にも準用される（法188条）。また、不動産とみなされる工場財団（工場抵当法14条等）や登記された地上権等の権利についても、その競売手続においては、暴力団員等による買受けが制限される。また、本改正附則11条により企業担保法が改正され、企業担保権の実行手続においても、暴力団員等による買受けが制限されている[1]。

---

1) なお、不動産競売における暴力団員の買受け防止に関する規定は船舶執行には準用されない（法121条）。また、動産執行においても、同規定は新設されていない。

8　施行日および経過措置

　不動産競売における暴力団員の買受け防止に関する規定は、公布の日（令和元年5月17日）から1年を超えない範囲内において政令で定める日（令和2年4月1日）から施行される（法附則1条）。

　ただし、施行日前に売却の手続が開始されていた場合に、新たな規定をすべて適用すると、利害関係者に不測の損害が生じ、手続の安定性が害されることとなることから、法65条の2（暴力団員等に該当しないこと等の陳述）および68条の4（調査の嘱託）（これらを準用し、またはその例による場合を含む）の規定は、施行日前に裁判所書記官が売却を実施させる旨の処分をした場合における当該処分に係る売却の手続については適用しないものとされた。

　同様に、施行日前に裁判所書記官が売却を実施させる旨の処分をした場合における売却不許可事由については、法71条（これを準用し、またはその例による場合を含む）の規定にかかわらず、なお従前の例によるものとされた（法附則2条）。

Q23

　買受け制限の対象となる者の範囲は、どのように規定されている
か。

A

　最高価買受申出人または自己の計算[1]において最高価買受申出人に買受
けの申出をさせた者（以下「最高価買受申出人等」という）が、つぎのいず
れかに該当する場合が売却不許可事由とされた。つまり、これらの者によ
る買受けが制限されることとなった。
　　①　暴力団員等（暴力団員または暴力団員でなくなった日から５年を経過し
　　　ない者）（買受けの申出がされた時に暴力団員等であった者を含む）
　　②　法人でその役員のうちに暴力団員等に該当する者があるもの（買受
　　　けの申出がされた時にその役員のうちに暴力団員等に該当する者があった
　　　ものを含む）

〔解　説〕

1　売却不許可事由の新設

　最高価買受申出人等がつぎのいずれかに該当する場合が、売却不許可
事由とされた（法71条5号）。したがって、これらの者による買受けが
制限されることとなった。
　　①　暴力団員等（買受けの申出がされた時に暴力団員等であった者を含
　　　む）
　　②　法人でその役員のうちに暴力団員等に該当する者があるもの（買
　　　受けの申出がされた時にその役員のうちに暴力団員等に該当する者が
　　　あったものを含む）

　1)　「自己の計算において」の意義については、Q24を参照。

　ここに、暴力団員等とは、暴力団員または暴力団員でなくなった日から5年を経過しない者をいう（法65条の2第1号）[2]。

2　暴力団員

(1)　定　　義
　暴力団員とは、暴力団員による不当な行為の防止等に関する法律（以下「暴力団対策法」という）2条6号に規定する暴力団員をいう（法65条の2第1号）。これは他の法令の規定例に倣ったものである。
　暴力団対策法による定義では、暴力団員とは「暴力団の構成員」とされており（同法2条6号）、暴力団とは「その団体の構成員（その団体の構成団体の構成員を含む。）が集団的に又は常習的に暴力的不法行為等を行うことを助長するおそれがある団体」とされている（同条2号）。必ずしも"指定"暴力団の構成員に限られない点に留意が必要である。

(2)　構成員の判断基準
　「構成員」とは「当該団体に所属する者であると客観的に認められるもの」をいい[3]、単にその団体の名簿に登録されていることなどのみを根拠に形式的に認定するのではなく、実態に基づき実質的に判断すべきものと解される。

---

　2)　改正法の検討過程においては、暴力団員と生計を一にする配偶者、暴力団員と密接な関係を有する者、暴力団員がその事業活動を支配する法人なども買受けの制限の対象とすることが検討された（金融財政事情研究会「民事執行手続に関する研究会報告書」68頁以下）。しかし、執行裁判所が競売手続の過程でこれらの判断資料を得ることには困難が伴うことや、実際に想定される事案は、これらの者が買受けの申出をするものの、実質的には暴力団員がその所有とするために費用を支出している場合であり、そのような買受けは、暴力団員の計算による法人の買受けを禁止する規律によって制限することができることから（Q24参照）、これらの者を買受けの制限の対象として明記することは見送られている（中間試案補足説明33頁参照）。
　3)　日本弁護士連合会民事介入暴力対策委員会編『注解暴力団対策法』（民事法研究会、1997）15頁参照。

　この点、廃棄物の処理及び清掃に関する法律が、暴力団対策法 2 条 6 号に規定する暴力団員または暴力団員でなくなった日から 5 年を経過しない者と、これに該当する者が役員となっている法人を許可の欠格要件とし、許可を受けた業者が上記欠格要件に該当した場合は許可を取り消さなければならないと定めているところ、青森県知事が、県内の産業廃棄物収集運搬業者の代表取締役が暴力団員であることを理由として行った、産業廃棄物収集運搬業の許可の取消処分に対し、同業者が同取消処分の取消しを求めた訴訟において、「暴力団対策法 2 条 6 号に規定する『暴力団員（暴力団の構成員)』とは、当該暴力団に所属することが客観的に認められる者をいうと解するのが相当」とした上で、①暴力団会長への長期間にわたる継続的な送金、②同暴力団の会合への「特別相談役」の肩書での出席や代紋バッジの着用、③暴力団の名札や回状への表記、④暴力団の電話番号表への記載等の事実から、同代表取締役が暴力団に所属していたと客観的に認めることができるとし、「暴力団構成員に該当するかどうかは、『堅めの盃』の有無で決するのではなく、客観的に判断すべきであり、当該暴力団側が構成員ではないと言明したからといって直ちに暴力団構成員の該当性が否定されるものではない。」とした裁判例[4]があり、参考となる。

3　暴力団員でなくなった日から 5 年を経過しない者

　暴力団員でなくなった日から 5 年を経過しない者（以下「元暴力団員」という）も買い受け制限の対象とされている。

　これは、近年、暴力団が、過去に暴力団に所属していた者等の周辺者を利用するなどして、資金獲得活動を巧妙化させており、元暴力団員は、暴力団を離脱した後も暴力団との間に何らかの関係を継続している

---

4)　青森地判平成 19 年 2 月 23 日判タ 1249 号 68 頁。他に暴力団員性が争われた裁判例として、大阪地判平成 23 年 8 月 31 日金法 1958 号 118 頁、福岡高裁宮崎支判平成 24 年 4 月 27 日公刊物未登載がある。

蓋然性があると考えられることや、元暴力団員を不動産の買受けの制限の対象とすることにより、形式的な離脱による規制の潜脱を封ずるという効果を期待したことによる[5]。

4　法人でその役員のうちに暴力団員等に該当する者があるもの

法人でその役員のうちに暴力団員等に該当する者があるものも買い受け制限の対象とされている。

これは、暴力団がフロント企業を介して活動範囲を拡大していることや、不動産競売においては法人が買受人となる場合が多いことを考慮すれば、暴力団への不動産の供給源を断つという目的を達成するためには、暴力団と関連のある法人の買受けを制限することが必要であると考えられ、また、役員に 1 名でも暴力団員等が含まれていれば、暴力団がその法人を利用し得るものと考えられることによる[6]。

「役員」の具体的な範囲は、その法人の種類に応じて、その業務の執行等に係る権限の有無といった観点から、当該法人の設立根拠法等の内容を踏まえた解釈により判断されることとなる[7]。

5　買受け制限の対象となる者への該当性の判断基準時

法制審部会においては、暴力団員等への該当性の判断基準時を、買受けの申出時、売却許可決定期日のいずれとすべきかが議論されたが、い

---

5)　中間試案補足説明 32 頁参照。なお、競争の導入による公共サービスの改革に関する法律においても、官民競争入札等の参加が制限される者として「暴力団員でなくなった日から 5 年を経過しない者」（同法 10 条 4 号、15 条）が掲げられている。

6)　中間試案補足説明 33 頁参照。

7)　内野ほか(3) 37 頁。具体的には株式会社における取締役、監査役、会計参与および執行役、持分会社における社員（法人の場合はその役員）および業務執行社員（法人の場合はその職務執行者）などが「役員」に該当するものと考えられる。

ずれかの時点において、最高価買受申出人等（法人の場合はそれらの役員）が暴力団員等に該当すれば、売却不許可事由に該当することとされている（法71条5号イおよびロの各かっこ書参照)[8]。

8)　部会資料20－2・13頁。

Q24

　自己の「計算において」最高価買受申出人に買受けの申出をさせ
たというのは、どのような場合か。

A

　自己の「計算において」とは、不動産を買い受ける資格を有しない者
に、不動産の取得に係る経済的損益が帰属していることを意味する。
　具体的には、暴力団員等が売却代金の出捐者となり、暴力団員等ではな
い者に買受けの申出をさせ、実質上、暴力団員等が不動産を取得したと評
価し得るような場合等がこれに該当し得る。

【解　説】

1　概　要

　不動産の買受けの申出をしようとする者（以下「買受申出人」という）
は、最高裁判所規則（民事執行規則）の定めるところにより、自己の計
算において当該買受けの申出をさせようとする者（その者が法人である
場合にあっては、その役員）が暴力団員等に該当しない旨を陳述しなけれ
ばならない（法65条の2第2号）。
　また、執行裁判所は、自己の計算において最高価買受申出人に買受け
の申出をさせた者が、つぎのいずれかに該当すると認めた場合、売却不
許可決定をしなければならない（法71条5号）。

① 暴力団員等（買受けの申出がされた時に暴力団員等であったものを含
　む）
② 法人でその役員のうちに暴力団員等に該当する者があるもの（買
　受けの申出がされた時にその役員のうちに暴力団員等に該当する者が
　あったものを含む）

　暴力団員等または法人でその役員のうちに暴力団員等に該当する者があるものの計算において買受けの申出をした者による買受けを制限することとされたのは、暴力団員等による買受けを制限したとしても、暴力団員等が、暴力団員等以外の関係者を利用して不動産を入手することを防止することができなければ、暴力団への不動産の供給源を断つという目的を達することができないからである[1]。

2　自己の「計算において」の意義

　自己の「計算において」の意義については、現行の法71条3号、4号における解釈がそのままあてはまるものと考えられる。
　法制審部会での議論では、典型例として、個別の事案によるものではあるが、暴力団員が売却代金の出捐者となり、暴力団員ではない者に買受けの申出をさせ、実質上、暴力団員が不動産を取得したと評価し得るような場合がこれに該当し得るものとされている[2]（図Ⅰ）。

【図Ⅰ】

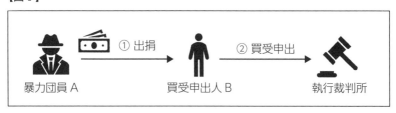

　また、現行法の解釈として、法71条3号において、「最高価買受申出人が不動産を買い受ける資格を有しない者の計算において買受けの申出をした者であること」が売却不許可の事由とされているのは、一般的には、買い受ける資格を有しない者が資金を出捐して他人に買受けの申出

1）　中間試案補足説明34頁。
2）　中間試案補足説明34頁。

をさせるなどして、不動産を買い受ける資格を有しない者が実質上不動産の取得者となることを防止する（同条 2 号の潜脱行為を防止する）ことを意図したものであるとされ、同条 3 号の「計算において」とは、経済的実質に着目する意味であるとされている。そうすると、当該「計算において」とは、不動産の買い受ける資格を有しない者に、不動産の取得に係る経済的損益が帰属していることを意味するものと解される。また、法 71 条 4 号の「計算において」についても、一般的には、同条第 3 号と同様、その経済的実質に着目する意味であるとされている。

　そして、新設される法 71 条 5 号の「計算において」についても、同解釈が妥当するものと考えられることから、たとえば、以下のような事例も、個別の事案によるところではあるが、暴力団員が自己の「計算において」最高価買受申出人に買受けの申出をさせたと評価されるものと解される[3]。

①　暴力団員 A が暴力団員ではない B に買受けの申出をさせ、A が代金の納付期限までに代金を出捐して B が買受人となり、その後、A が B から不動産を取得することが合意されていたような場合（図 II － 1）

【図 II － 1】

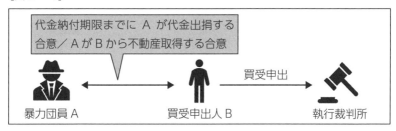

②　暴力団員 A と暴力団員ではない B との間で、B が不動産の買受けの申出をして実際に買受人となった際には、A が B から当該不動

3)　部会資料 13 － 2 ・ 3 頁以下。

産を、Ｂにより執行裁判所に納付された代金額と同程度の金額で購入するとの合意がある場合（図Ⅱ－2）

【図Ⅱ－2】

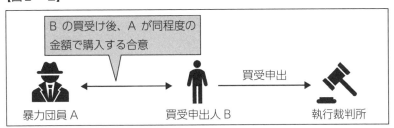

③　暴力団員Ａと暴力団員ではないＢとの間で、Ｂが不動産の買受けの申出をして実際に買受人となった際には、ＡがＢから当該不動産を、Ｂにより執行裁判所に納付された代金額よりも高い金額で購入するとの合意がある場合（図Ⅱ－3）

【図Ⅱ－3】

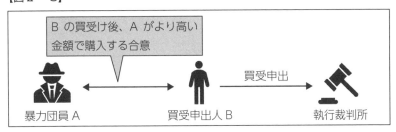

④　暴力団員Ａと暴力団員ではないＢとの間で、Ｂが不動産の買受けの申出をして実際に買受人となった際には、ＡがＢから当該不動産を賃借するとの合意がある場合であって、想定されている賃貸借の期間や賃料の金額を踏まえると、実質的に見れば、当該賃料の支払が不動産の転売代金を分割で支払うものと同視できるとの評価が可能な場合（図Ⅱ－4）

【図Ⅱ－4】

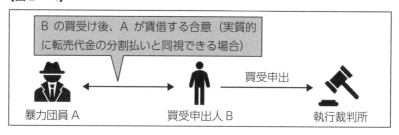

　さらに、暴力団員Ａが、競売代金に相当する資金を出資して、暴力団員ではないＢを代表取締役とする会社Ｃを設立し、Ｃが買受けの申出を行う場合（図Ⅲ）についても、暴力団員が自己の「計算において」買受けの申出をしたと評価されるものと解される[4]。

【図Ⅲ】

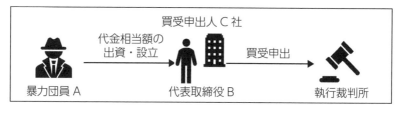

　以上の例はあくまで一例にすぎない。その経済的実質に着目し、暴力団員等に、不動産の取得に係る経済的損益が帰属している場合には、暴力団員等の計算において最高価買受申出人に買受けの申出をさせたものとして捉え、暴力団員等による買受けの制限の実効性を確保する必要がある。

---

4)　平成 31 年 4 月 25 日参院法務委員会における松下淳一参考人の答弁参照。

Q25

買受けの申出の際の陳述は、どのように行う必要があるか。

A

　不動産の買受けの申出は、次のいずれにも"該当しない"旨を買受けの申出をしようとする者（以下「買受申出人」という）が最高裁判所規則（民事執行規則）で定めるところにより陳述しなければ、することができないものとされた。この陳述を欠く買受けの申出は、無効となる。

①　買受申出人（その者が法人である場合にあっては、その役員）が暴力団員等であること

②　自己の計算において当該買受けの申出をさせようとする者（その者が法人である場合にあっては、その役員）が暴力団員等であること

〔解　説〕

1　概　要

　民間の契約実務においては、暴力団排除の方策として、契約当事者に対し、暴力団員等に該当しないことの表明確約を求める取組みが広く行われている。そこで、不動産競売における暴力団員の買受け防止の方策としても、売却の許可または不許可の決定に伴う手続遅延を未然に防止するという観点や、より確実に暴力団員による買受けを防止するという観点から、自らが暴力団員等ではないことを陳述させることとされた（法65条の2）。

2　陳述の主体

　陳述の主体は買受申出人である。

　買受申出人が未成年者や成年被後見人等の場合には法定代理人（親権者、成年後見人等）が、買受申出人が法人の場合には代表者（代表取締役等）が主体となる（法65条の2柱書）。

3　陳述の内容

　陳述の内容は、次のいずれにも"該当しない"旨である。
①　買受申出人（その者が法人である場合にあっては、その役員）が暴力団員等であること
②　自己の計算において当該買受けの申出をさせようとする者（その者が法人である場合にあっては、その役員）が暴力団員等であること

4　陳述の方法

　陳述は、最高裁判所規則（民事執行規則）で定めるところにより行う必要がある。
　これは、陳述の具体的な方法については、買受けの申出に係る事務処理を円滑に行う観点から、これを書面によるものとすることが実務の運用として想定されているものの、このような細目的な事項については最高裁判所規則において定めるものとしておくことが買受けの申出をしようとする者の便宜に資するものと考えられたことによる[1]。
　民事執行規則の定めの要旨は、以下のとおりである（期間入札につき、規則49条、38条7項、31条の2。なお、民事執行規則上、期日入札および期間入札の場合における買受申出人は「入札人」と表記されている）。

（1）買受申出人は、次に掲げる書類を提出しなければならない。

ア　次に掲げる事項を記載し、買受申出人（その者に法定代理人がある場

[1]　部会資料20－2・12頁

合にあっては当該法定代理人、その者が法人である場合にあってはその代表者）が記名押印した陳述書

(ｱ) 買受申出人の氏名（振り仮名を付す。）又は名称及び住所

(ｲ) 買受申出人が個人であるときは、その生年月日及び性別

(ｳ) 買受申出人が法人であるときは、その役員の氏名（振り仮名を付す。）、住所、生年月日及び性別

(ｴ) 自己の計算において買受申出人に買受けの申出をさせようとする者がある場合であって、その者が個人であるときは、その氏名（振り仮名を付す。）、住所、生年月日及び性別

(ｵ) 自己の計算において買受申出人に買受けの申出をさせようとする者がある場合であって、その者が法人であるときは、その名称及び住所並びにその役員の氏名（振り仮名を付す。）、住所、生年月日及び性別

(ｶ) 買受申出人（その者が法人である場合にあっては、その役員）及び自己の計算において買受申出人に買受けの申出をさせようとする者（その者が法人である場合にあっては、その役員）が暴力団員等に該当しないこと。

イ 買受申出人が個人であるときは、その住民票の写しその他のその氏名、住所、生年月日及び性別を証するに足りる文書

ウ 自己の計算において買受けの申出をさせようとする者がある場合であって、その者が個人であるときは、その住民票の写しその他のその氏名、住所、生年月日及び性別を証するに足りる文書

　ア(ｱ)～(ｵ)の各事項は、買受申出人等を特定する事項であるとともに、警察への調査嘱託（Q26 参照）に際して必要な事項であることから、記載が求められることとなったものである[2]。同(ｶ)は、法 65 条の 2 により、買受申出人は、買受申出人（買受申出人が法人であるときは、その役員）および自己の計算において買受申出人に買受けの申出をさせようとする者（その者が法人であるときは、その役員）が暴力団員等に該当しないことを陳述する必要があることから、陳述書にその旨を記載することとされたものである。

　イおよびウについては、従前より、買受申出人は、住民票の写し等を執行官に提出するものとされていたものの（旧規則 38 条 6 項、49 条、50

条 4 項)、当該規定は任意協力規定に留まるものであったことから、虚偽の氏名等が申告される場面に対処するべく、住民票の写しその他の文書を提出しなければならないこととされたものである[3]。

　なお、執行裁判所は、最高価買受申出人または自己の計算において最高価買受申出人に買受けの申出をさせた者が、指定許認可等を受けて事業を行っている者に該当する場合、警察への調査の嘱託を要しないものとされているが(法 68 条の 4 第 1 項但書、同条 2 項但書、規則 51 条の 7。Q26 参照)、かかる場合であっても、ア〜ウの各書類の提出は必要である[4]。

(2)　買受申出人は、次のアまたはイに掲げる場合には、当該アまたはイに定める文書の写しを提出する。

ア　買受申出人が指定許認可等を受けて事業を行っている者である場合
　　その者が当該指定許認可等を受けていることを証する文書
イ　自己の計算において買受申出人に買受けの申出をさせようとする者が指定許認可等を受けて事業を行っている者である場合
　　その者が当該指定許認可等を受けていることを証する文書

　執行裁判所は、最高価買受申出人または自己の計算において最高価買受申出人に買受けの申出をさせた者が、指定許認可等を受けて事業を行っている者(宅地建物取引業者または債権回収会社)に該当する場合、これらの者が暴力団員等に該当するか否かについての警察への調査の嘱託を要しないものとされている(法 68 条の 4 第 1 項但書、同条 2 項但書、規則 51 条の 7。Q26 参照)。

---

2)　従前、入札書には、買受申出人の氏名・名称および住所を記載しなければならないとされていた(規則 38 条 2 項、49 条)。
3)　買受申出人が法人であるときや自己の計算において買受申出人に買受けの申出をさせようとする者が法人であるときのその役員の住民票の写し等の提出は要しない。これは、法人の買受申出人への著しい負担の防止と、役員特定事項についての真実性は虚偽陳述に対する制裁によって担保され得ることによる。
4)　中間試案補足説明 38 頁参照。

＜提出が必要な書類一覧＞

買受申出人等の個人・法人の別	提出が必要な書類		
・買受申出人が個人であるとき ・自己の計算において買受申出人に買受けの申出をさせようとする者がある場合であって、その者が個人であるとき	次に掲げる事項を記載し、買受申出人が記名押印した陳述書 ・買受申出人等の氏名（振り仮名を付す）、住所、生年月日、性別 ・買受申出人等が暴力団員等に該当しないこと	買受申出人等について、住民票の写しその他のその氏名、住所、生年月日および性別を証するに足りる文書	買受申出人等が指定許認可等を受けて事業を行っている者に該当する場合、その者が指定許認可等を受けていることを証する文書（提出は任意）
・買受申出人が法人であるとき ・自己の計算において買受申出人に買受けの申出をさせようとする者がある場合であって、その者が法人であるとき	次に掲げる事項を記載し、買受申出人が記名押印した陳述書 ・買受申出人等の名称、所在地 ・買受申出人等の役員の氏名（振り仮名を付す）、住所、生年月日、性別 ・同役員が暴力団員等に該当しないこと		

　そこで、買受申出人や、自己の計算において買受申出人に買受けの申出をさせようとする者が、指定許認可等を受けて事業を行っている者（宅地建物取引業者または債権回収会社）に該当するときは、その者が当該指定許認可等を受けていることを証する文書の写しの提出を求めることとされた。もっとも、仮にこのような文書が提出されなかった場合に

は、警察への調査の嘱託をするだけであるから、提出は任意とされている。

5　陳述が必要となる「不動産の買受けの申出」

　法 65 条の 2 の陳述は、「不動産の買受けの申出」に際して必要とされる。

　この不動産の買受けの申出としては、期間入札における入札（規則 47 条、49 条、38 条 7 項、31 条の 2）のほか、期日入札における入札（規則 38 条 7 項、31 条の 2）、競り売りにおける買受けの申出（規則 50 条 4 項、31 条の 2）およびいわゆる特別売却における買受けの申出（規則 51 条 9 項、31 条の 2）がある。また、差押債権者による無剰余回避のための買受けの申出（法 63 条 2 項 1 号、規則 31 条の 2）および保全処分の申立てをした差押債権者による買受けの申出（法 68 条の 2 第 2 項、規則 51 条の 4 第 4 項、31 条の 2）も不動産の買受けの申出に該当する。

　したがって、これらの場面のいずれにおいても、法 65 条の 2 の規律が適用されることとなる。

6　陳述を欠く買受けの申出

　法 65 条の 2 の陳述をせずに買受けの申出をした場合は、当該買受けの申出は無効なものとして取り扱われる。執行官は、この陳述をしていない者を最高価買受申出人と定めることができない[5]。

---

5)　内野ほか(3) 39 頁。

Q26

執行裁判所による売却不許可事由の審査はどのように行われるか。

A

1 執行裁判所は、最高価買受申出人または自己の計算において最高価買
受申出人に買受けの申出をさせた者（以下「最高価買受申出人等」とい
う）がつぎのいずれかに該当すると認めるときは、売却不許可決定をし
なければならないものとされた。

① 暴力団員等（買受けの申出がされた時に暴力団員等であった者を含む）

② 法人でその役員のうちに暴力団員等に該当する者があるもの（買受
けの申出がされた時にその役員のうちに暴力団員等に該当する者があった
ものを含む）

2 執行裁判所は、最高価買受申出人等が暴力団員等に該当するか否かに
ついて、原則として、必要な調査を警察に嘱託しなければならないもの
とされた。ただし、最高価買受申出人等が宅地建物取引業者または債権
回収会社に該当する場合は同嘱託は不要とされた。

【解　説】

1 概　要

(1) 売却不許可事由の新設

執行裁判所は、最高価買受申出人等がつぎのいずれかに該当すると認
めるときは、売却不許可決定をしなければならないものとされた（法71
条1項5号）。

① 暴力団員等（買受けの申出がされた時に暴力団員等であった者を含
む）

② 法人でその役員のうちに暴力団員等に該当する者があるもの（買
受けの申出がされた時にその役員のうちに暴力団員等に該当する者が
あったものを含む）

⑵　売却不許可事由の調査の嘱託

　最高価買受申出人等が暴力団員等に該当するか否かの判断を執行裁判所が行う際には、暴力団に関する情報を専門的に収集・管理している警察に対して照会をし、その情報の提供を受けることが合理的である。

　そこで、執行裁判所は、最高価買受申出人（その者が法人である場合にあっては、その役員）が暴力団員等に該当するか否かについて、必要な調査を執行裁判所の所在地を管轄する都道府県警察に嘱託しなければならないものとされた（法 68 条の 4 第 1 項）。また、自己の計算において最高価買受申出人に買受けの申出をさせた者があると認める場合には、当該買受けの申出をさせた者（その者が法人である場合にあっては、その役員）についても同様に嘱託しなければならないものとされた（同条 2 項）。

　なお、次順位買受けの申出について売却の許可または不許可の決定をする場合（法 67 条、80 条 2 項）等においても、最高価買受申出人等と同様に、警察への調査の嘱託をしなければならないものと解される[1]。

2　警察への調査の嘱託および回答の根拠

　警察への調査の嘱託は、執行裁判所が買受けの申出について売却不許可事由が認められるか否かを判断するための資料を得るもの（証拠調べ）であり、その法的性質は調査の嘱託（法 20 条、民訴法 186 条）と位置づけられている[2]。

　これに対し、警察による回答は、警察庁刑事局組織犯罪対策部長「暴力団排除等のための部外への情報提供について」（平成 31 年 3 月 20 日警察庁丙組組企発第 105 号、丙組暴発第 7 号）のうち、「その他法令の規定に基づく場合」（第 3、1⑴）に該当するものとして、実施されることとなる[3]。

---

1)　部会資料 16 － 1・14 頁参照。
2)　部会資料 16 － 1・11 頁。

3　警察への調査の嘱託の例外

　原則として、警察への調査の嘱託は必要的である。

　しかし、最高価買受申出人等が暴力団員等に該当しないと認めるべき事情があるものとして最高裁判所規則（民事執行規則）で定める場合は、この限りではない（法68条の4第1項但書、2項但書）。

　そして、民事執行規則は、最高価買受申出人等が暴力団員等に該当しないと認めるべき事情がある場合として、最高価買受申出人等が、「指定許認可等を受けて事業を行っている者である場合」と規定しており、「指定許認可等」とは、許認可等（行政手続法2条3号に規定する許認可等をいう。）であって、当該許認可等を受けようとする者（その者が法人である場合にあっては、その役員）が暴力団員等に該当しないことが法令（同条1号に規定する法令をいう。）において当該許認可等の要件とされているもののうち最高裁判所が指定するものをいう、とされている（規則51条の7。なお、最高裁判所がこの指定をしたときは、最高裁判所長官が官報で告示する）。

　これは、法令の規定により許認可等を受けて事業を営んでいる者については、当該法令において、その者（その者が法人であるときはその役員）が暴力団員等でないことを当該許認可等の基準として定めている場合があり、そのような許認可等を受けて事業を営んでいる者については、その者（その者が法人であるときはその役員）が暴力団員等でないことが担保されているといえることから、最高価買受申出人等が当該許認可等を受けて事業を営んでいる者である場合には、その者について改めて警察に調査を嘱託する必要はないと考えられたことによる。もっとも、どのような許認可等であればこれにあたるかについては、具体的に

　3）　買受けの制限の対象となる暴力団員でなくなった日から5年を経過しない者の情報についても、同通達第4、3⑵に基づき、「過去に暴力団員であったことが法律上の欠格要件となっている場合」に該当するものとして、回答対象となる。

は、行政庁が許認可等をする際の運用の実情を踏まえた機動的な指定が必要であると考えられることから、これを最高裁判所が指定することとされている。

これを受けて、最高裁判所は、令和 2 年 3 月 17 日付の告示をもって、同規則に基づき、「指定許認可等」として、宅地建物取引業法 3 条 1 項の免許と、債権管理回収業に関する特別措置法 3 条の許可を指定した[4]。したがって、最高価買受申出人等が、同各法に基づく宅地建物取引業者または債権回収会社である場合、執行裁判所は、調査の嘱託をする義務を負わない（ただし、宅地建物取引業者または債権回収会社が、買受けの申出に際し、指定許認可等を受けていることを証する文書の写しの提出を行わなかった場合（規則 49 条、38 条 7 項、31 条の 2 第 2 項等。Q25 参照）には、調査の嘱託が実施されることとなる）。

なお、執行裁判所が嘱託義務を負わない場合であっても嘱託の実施が妨げられるものではなく、執行裁判所が売却不許可事由を認定することが妨げられるものでもない。執行裁判所は、嘱託義務を負わない場合であっても、売却不許可事由に該当するとの疑義がある場合には積極的に照会を実施すべきである。

4　執行裁判所による判断

調査の嘱託に対する回答の信用性についての評価は、個別具体的な事案に応じた執行裁判所の判断にゆだねられる。暴力団に関する都道府県警察の専門的な知見等に照らせば、その回答には相応の信用性があると考えられるが、執行裁判所は、その内容に必ずしも拘束されるものではなく、必要に応じて、現況調査報告書等の記録を参照するほか、最高価買受申出人に対する審尋や、警察への再度の嘱託等の証拠調べを行うこともできる。

そして、執行裁判所は、これらによって得られた資料を総合考慮し

4)　令和 2 年最高裁判所告示第 1 号

て、売却不許可事由の有無を判断することとなる[5][6]。

5) 内野ほか(3)40 頁参照。

6) なお、法制審部会での議論の過程では、執行裁判所は、①警察から最高価買
受申出人が暴力団員に該当する旨の回答が寄せられた場合にのみ、（必要に応じ
て証拠調べを行った上で）暴力団員であるか否かの実質的な判断をして売却許
可または不許可の決定をすることとし、②暴力団員に該当しない（該当すると
は認められない）旨の回答が寄せられた場合には、直ちに（他に売却不許可事
由のない限り）売却許可決定をするという考え方（いわゆる「片面的な審査の
枠組み」）が示され、検討されていた。この考え方は、警察が暴力団員に関する
専門的な知見を有していると評価することができることを前提として、その回
答に手続上の特別な役割を与えることができると考えられることや、警察から
暴力団員等に該当するとは認められない旨の回答があった場合には、売却不許
可とはされないこととなるから、さらに執行裁判所が暴力団員等に該当するか
否か等の実質的な審査を行う必要はなくなり、競売手続の円滑性に資すると考
えられることなどを実質的な理由としていた。しかし、暴力団員等に該当する
かどうかは事実認定の問題にほかならず、上記のような考え方に基づく規律は
法制的にも異例なものであるほか、現実的には、警察が暴力団員等に該当する
とは認められない旨の回答をした場合に、さらに執行裁判所が暴力団員等に該
当するか否か等の実質的な審査を行う必要があるというべき事案はまれなもの
であって、上記のような考え方に基づく規律を採用しなくても競売手続の円滑
性を害することとはならないことから、かかる片面的な審査の枠組みは採用さ
れなかった（中間試案補足説明 35 頁）。

Q27

　売却の許可または不許可の決定に対する不服申立に関する規律は、どのようなものとされているか。

A

　執行裁判所が売却許可決定をした場合、債務者が、最高価買受申出人または自己の計算において最高価買受申出人に買受けの申出をさせた者（以下「最高価買受申出人等」という）が暴力団員等である旨を主張して、執行抗告を行うことはできないものと解される。

　執行裁判所が、最高価買受申出人等が暴力団員等に該当するとして売却不許可決定をした場合、最高価買受申出人や差押債権者は、売却不許可事由の不存在を主張して執行抗告を行うことができる。

【解　説】

1　執行抗告

　売却の許可または不許可の決定に対しては、その決定により自己の権利が害されることを主張する場合には、執行抗告をすることができる（法74条1項）。

　この点は、不動産競売における暴力団員等の買受け防止に関する規定の新設によっても変更はない。

2　売却許可決定に対する不服申立

　執行裁判所が売却許可決定をした場合において、最高価買受申出人等が暴力団員である旨を主張して執行抗告を行うことの可否、こと債務者による執行抗告の可否が問題となる。

　この点、「自己の権利が害される」とは、自己の法律上の利益を害される可能性があることを要するとされている。このことから、債務者が売却許可決定に対する執行抗告をすることができるのは、①競売手続の開始または続行をすべきでない場合（法71条1号）のほか、②売却手続に瑕疵がなければより高額で売却される見込みがある場合に限られると解されるところ、仮に最高価買受申出人等が暴力団員等であることを執行裁判所が看過して売却許可決定をしたとしても、このような事情が売却の価格を低下させる方向に働くとは考え難いため、債務者は、かかる執行抗告をすることはできないものと解されている[1]。

3　売却不許可決定に対する不服申立

　執行裁判所が、最高価買受申出人等が暴力団員等に該当するとして売

---

[1]　部会資料8－1・8頁参照。なお、最高価買受申出人等が暴力団員等であると主張して、売却許可決定に対して執行抗告をする可能性のある者としては、債務者のほか、最高価買受申出人以外の買受申出人が考えられる。この点、現行の民事執行法上、開札期日において最高価買受申出人とされなかった買受申出人が、自己への売却を求める趣旨で売却許可決定に対する執行抗告をすることができるか否かについては、学説上の対立がある。この点について、福岡高裁宮崎支決平成18年10月3日（最決平19年2月15日許可抗告棄却・福田剛久＝溝上真「許可抗告の実情―平成十九年度版―」判時2012号19頁参照）は、最高価買受申出人に次いで高額で買受けの申出をした者が、最高価買受申出人が債務者の計算において買受けの申出をした者（法71条3号）に該当するとして執行抗告をした事案において、最高価買受申出人以外の買受申出人は、売却許可決定が取り消された場合においても、当然には自己に対して売却許可決定をすることを求めることはできず、新たに実施されるであろう売却手続に参加し得るにとどまることを理由として、売却許可決定により自己の利益が害される者には該当しないとしている。もっとも、最三小決平成26年11月4日集民248号39頁は、売却不許可決定がされた後の手続について、必ずしも新たな売却手続を行う必要はなく、すでに行われた入札を前提として再度の開札期日を開き、次順位者を最高価買受申出人と定めることができると判示しており、この趣旨を踏まえると、最高価買受申出人が暴力団員であるとして排除されることとなる場合には、次順位者に執行抗告の利益があるとの考え方も成り立ちうる（一般社団法人金融財政事情研究会「民事執行手続に関する研究会報告書」61頁）。

却不許可決定をした場合、最高価買受申出人や、債権回収という強制執行の目的が不達成になるという不利益を被る差押債権者は、売却不許可事由の不存在を主張して執行抗告を行うことが可能である（部会資料 8－1・9 頁）。他方、債務者は、積極的に売却を求めることができる地位にはなく、売却不許可決定により債務者の権利が害されるとはいえないと考えられることから、執行抗告をすることはできないものと考えられる[2]。

　なお、執行裁判所が、売却不許可決定をした場合において、売却の手続をどこからやり直すべきかが問題となるが、最高価買受申出人が買受け資格を有していなかった場合など、当該売却自体の瑕疵により売却不許可となった場合における取り扱いと同様、解釈に委ねられることとはなるが、期間入札の場合であれば、再度入札期間を定めて入札をやり直す方法、当初の入札までの手続を前提に再度開札期日を開くこととして、入札までやり直すことはしない方法等が考えられる[3]。後者に関して、最三小決平成 26 年 11 月 4 日集民 248 号 39 頁は、不動産強制競売事件の期間入札において執行官が無効な入札をした者を最高価買受申出人と定めたとして売却不許可決定がされ、これが確定した場合に、当初の入札までの手続を前提に再度の開札期日を開くこととした執行裁判所の判断に違法が無いとしており、参考となる。

2）　内野ほか(3) 41 頁。
3）　内野ほか(3) 42 頁。

Q28

買受けの申出の際に虚偽の陳述を行うと、どのような制裁が課されるか。

A

　買受けの申出の際の陳述に際し、陳述すべき事項（買受申出人が暴力団員等に該当しない旨等。Q25 参照）について虚偽の陳述をした者は、6 月以下の懲役または 50 万円以下の罰金に処される。

　また、たとえば、暴力団員等が、競売手続において、暴力団員等には該当しないとの陳述をして不動産の買受けの申出をし、買い受けに至った場合には、上記の虚偽陳述罪とは別に、詐欺罪（刑法246条1項）や強制執行関係売却妨害罪（刑法96条の4）が成立し得る。

　その他、各都道府県の暴力団排除条例等に基づき、勧告・公表等の対象となりうる。

〔解　説〕

1　虚偽の陳述に対する制裁

　法 65 条の 2 の規定により陳述すべき事項（買受申出人が暴力団員等に該当しない旨等。Q25 参照）について虚偽の陳述をした者は、6 月以下の懲役または 50 万円以下の罰金に処される（法 213 条 1 項 3 号）[1)][2)]。

2　詐欺罪または強制執行関係売却妨害罪の適用

　また、暴力団員等が、競売手続において、暴力団員等ではないとの陳述をして不動産の買受けの申出をし、執行裁判所が当該買受けの申出をした者を最高価買受申出人として売却許可決定をし、代金が納付されて

当該買受けの申出をした者が当該不動産を買い受けたときには、個別具体的な事案の内容によるところであるが、上記の虚偽陳述罪とは別に、詐欺罪（刑法 246 条 1 項）や強制執行関係売却妨害罪（刑法 96 条の 4）が成立し得る[3]。

　この点、買受けの申出が禁止されている債務者（法 68 条）が、自己の計算において、長男をして買受けの申出をさせた事案について、「公の競売又は入札の『公正を害すべき行為』とは、公の競売又は入札が公正に行われていることに対し、客観的に疑問を抱かせる行為ないしその公正に正当でない影響を与える行為をいう。そして、競売入札妨害罪は、公正を害すべき行為があれば足り、現実に公正を害する必要まではないと考えられる具体的危険犯である。…（中略）…ところで、民事執行法 68 条は、債務者の買受申出を禁じているが、これは、債務者が競売物件を買い受けるだけの資力を有しているのであれば、むしろその資産を債務自体の弁済に充てるべきであって、買受けの結果、消除主義の恩典を受けるのは、債権者との関係においては不当というべきであることなどをその趣旨とするものである。そして、このような趣旨に照らすと、債務者が自己の計算において競売手続に参加すること自体が、許さ

1)　中間試案においては、最高価買受申出人が、故意により虚偽の陳述をした場合において、最高価買受申出人につき売却不許可決定が確定したときは、執行裁判所は、最高価買受申出人が法 66 条の規定により提供した保証の返還を請求することができない旨を決定することができるものとすることが提案されていたが（中間試案補足説明 43 頁）、その後の議論において、競売手続の円滑性や現行法との整合性等の観点から、導入が見送られている。もっとも、保証の不返還の仕組みを設ける必要があるか（または過度な制裁になるか）否かは、罰則を含め、今般の方策が暴力団への不動産の供給源を断つことにどの程度効果があるかの評価に関わるのであるから（部会資料 19 - 2・28 頁）、規定の実効性の状況によっては、改めて保証の不返還の規律を設けることの必要性につき、検討がなされるべきである。
2)　衆参両院の各法務委員会においては、不動産競売における暴力団員の買受け防止に関し、「本法施行後における実務の運用状況を勘案し、競売手続の円滑性を確保しつつその実効性を図るため、必要に応じて、刑事罰による虚偽陳述の抑止以外の更なる対策について検討するよう努めること。」（参院法務委員会）といった附帯決議がなされている。
3)　部会資料 16 - 1・7 頁。詐欺罪については、令和元年 5 月 9 日参院法務委員会における小山太士政府参考人の答弁も参照。

れないものであり、公の競売または入札が公正に行われていることに対し、その公正に正当でない影響を与える行為といえる。」として、当時の競売入札妨害罪（当時の刑法 96 条の 3 第 1 項）の成立を認めた裁判例[4]があり、参考となる。

3　各都道府県の暴力団排除条例の適用[5]

　これらのほか、暴力団員が、買受けの申出に際して、自らが暴力団員である事実を隠蔽する目的で、他人の名義を利用した場合には、各都道府県が定める暴力団排除条例における名義貸し禁止規制により、名義を貸した者も含め、勧告・公表の対象となり得る（たとえば、東京都暴力団排除条例 25 条、27 条、29 条 1 項 6 号）。

東京都暴力団排除条例

（他人の名義利用の禁止等）
第 25 条　暴力団員は、自らが暴力団員である事実を隠蔽する目的で、他人の名義を利用してはならない。
2　何人も、暴力団員が前項の規定に違反することとなることの情を知って、暴力団員に対し、自己の名義を利用させてはならない。

（勧告）
第 27 条　公安委員会は、…（中略）…第 25 条の規定に違反する行為があると認める場合には、当該行為を行った者に対し、…（中略）…第 25 条の規定に違反する行為が行われることを防止するために必要な措置をとるよう勧告をすることができる。

---

4)　京都地判平成 21 年 6 月 15 日判例秘書 L 06450387。
5)　本文記載の他、不動産の譲渡等における措置（東京都暴力団排除条例 19 条）、不動産の譲渡等の代理または媒介における措置（同 20 条）への抵触性も問題となる。

（公表）

第 29 条　公安委員会は、次の各号のいずれかに該当する場合には、その旨を公表することができる。

⑥　第 25 条の規定に違反した事実に基づき第 27 条の規定による勧告を受けた者が、当該勧告を受けた日から起算して 1 年以内に、正当な理由なく、再び第 25 条の規定に違反する行為を行った場合

　また、競売手続により不動産を買い受けた事業者が、その後、取引の相手方が暴力団員であることを知りながら、当該不動産を暴力団員に譲渡したような場合には、各都道府県が定める暴力団排除条例における利益供与規制により、勧告・公表等の対象となり得る（たとえば、東京都暴力団排除条例 24 条 3 項、27 条、29 条 1 項 5 号）[6]。

東京都暴力団排除条例

（定義）

第 2 条　この条例において、次の各号に掲げる用語の意義は、それぞれ当該各号に定めるところによる。

⑤　規制対象者　次のいずれかに該当する者をいう。

　イ　暴力団員

　（ロ以下略）

（事業者の規制対象者等に対する利益供与の禁止等）

第 24 条

3　事業者は、第 1 項に定めるもののほか、その行う事業に関し、暴力団の活動を助長し、又は暴力団の運営に資することとなることの情を知って、

[6]　本条にいう「利益供与」とは、金品その他財産上の利益を与えることをいい、たとえば、事業者が商品を販売し、相手方がそれに見合った適正な料金を支払うような場合であっても該当する（警視庁「東京都暴力団排除条例 Q & A」Q11）。そして、たとえば、不動産業者が、暴力団事務所として使われることを知った上で、不動産を売却、賃貸する行為などは、24 条 3 項の利益供与違反に該当する（同 Q13）。

規制対象者又は規制対象者が指定した者に対して、利益供与をしてはならない。ただし、法令上の義務又は情を知らないでした契約に係る債務の履行としてする場合その他正当な理由がある場合には、この限りでない。

4　規制対象者は、事業者が前項の規定に違反することとなることの情を知って、当該事業者から利益供与を受け、又は当該事業者に当該規制対象者が指定した者に対する利益供与をさせてはならない。

（勧告）

第27条　公安委員会は、第24条…（中略）…の規定に違反する行為があると認める場合には、当該行為を行った者に対し、第24条…（中略）…の規定に違反する行為が行われることを防止するために必要な措置をとるよう勧告をすることができる。

（公表）

第29条　公安委員会は、次の各号のいずれかに該当する場合には、その旨を公表することができる。

⑤　第24条第3項又は第4項の規定に違反した事実に基づき第27条の規定による勧告を受けた者が、当該勧告を受けた日から起算して1年以内に、正当な理由なく、第24条第3項の規定に違反して、相当の対償のない利益供与その他の不当に優先的な利益供与をした場合、又は同条第4項の規定に違反して、相当の対償のない利益供与その他の不当に優先的な利益供与を受け、若しくはさせた場合

4　刑事罰の厳正な適用の必要性

　不動産競売手続の性質上、売却不許可事由の存在が看過されて売却許可決定がなされ、同決定が確定した場合、手続を履滅させて買い受けを取り消すことは極めて困難である。

　かかる場合には、以上に述べたような刑事罰や行政処分を厳正に適用し、もって、不動産競売における暴力団員等の買受け防止の実効性を確保すべきである。

第 **3** 章

国内の子の引渡しの
強制執行に関する規律の明確化

Q29

　国内の子の引渡しに関し、今次の改正前にはどのような問題が
あったか。

A

　国内の子の引渡しに関しては、民事執行法上明示的な定めがなく、過去
十数年以上、実務では、多くの場合「動産」の引渡しの規定に従って扱わ
れていた。しかし、これに対しては、子の引渡しを命ずる裁判の実効性を
確保するとともに、子の福祉に十分な配慮をする等の観点から、規律を明
確化するべきであるとの指摘があった。
　これに関連して、わが国は、「国際的な子の奪取の民事上の側面に関す
る条約」（いわゆる「ハーグ条約」）を締結し、その実施のために、「国際的
な子の奪取の民事上の側面に関する条約の実施に関する法律」（いわゆる
「ハーグ条約実施法」）が平成 26（2014）年 4 月 1 日に施行されているが、
ハーグ条約実施法では、国際的な子の返還の強制執行に関して規定が整備
されたことから、これに類似する国内における子の引渡しについて、明確
な規定を整備する必要性がより強く意識されるようになった。

【解　説】

1　子の引渡しの強制執行の方法はどのように変わってきた
　か

(1)　昭和 54 年の民事執行法成立前後──間接強制が有力

　子の引渡しの強制執行については、昭和 54 年の民事執行法成立前か
ら見解の対立があり、民事執行法下でもそのまま対立が持ち込まれたと
されている。大別して①動産に準じて執行官が取り上げて債権者に引き
渡す直接強制によることができるとの説、②間接強制によるべきである
との説、③親権妨害排除請求という不作為請求の執行として、妨害が
あった場合に、執行官の立会いなど将来のための適当の処分を命ずる授
権決定を得て、それにより妨害を排除する方法によるべきとの説があっ

たといわれる。そして、古くは、間接強制説が有力であった。すなわち、子の引渡しを命じられてその義務を履行しない者に対し、権利者に金銭を支払えとの命令を出し、心理的に引渡しを促すというものである。

(2) 人身保護請求が広く用いられた時期——平成6年ころまで

　間接強制では実際の引渡しに至らない場合も多いため、かつての裁判実務では、子の引渡しについて、「人身保護請求」が用いられていたことがあった。人身保護法は、「不当に奪われている人身の自由を、司法裁判により、迅速、且つ容易に回復せしめることを目的と」し（同法1条）、「法律上正当な手続によらないで、身体の自由を拘束されている者は、この法律の定めるところにより、その救済を請求することができる。」（同法2条）というものである。裁判所は、拘束者（一方の親）、被拘束者（子）、請求者（引渡しを求める他方の親）らの陳述を聴いて調査をし、審問期日においてこれらの者を召喚して、請求者の請求に理由があるかを判断する。拘束者が裁判所の命令に従わないときには、勾引し、命令に従うまで勾留することができる（同法18条）。

　しかし、最三小判平成5年10月19日民集47巻8号5099頁と、最三小判平成6年4月26日民集48巻3号992頁が出てからは、人身保護請求を行うのでなく、家事事件手続によって子の引渡しが求められることになった。上記のうち平成5年判決は、夫婦の一方が他方に対して人身保護法に基づき、共同親権に服する幼児の引渡しを請求する場合において、拘束の違法性が顕著であるというためには、右監護が、子の幸福に反することが明白であることを要するとした。また、平成6年判決は、共同親権者間における幼児の人身保護請求は、拘束者に対して幼児引渡しを命ずる仮処分または審判が出され、その親権行使が実質上制限されているのに拘束者が右仮処分等に従わない場合や、拘束者の監護の下においては著しくその健康が損なわれたり、満足な義務教育を受けることができないなど、拘束者の幼児に対する親権行使という観点からみてもこれを容認することができないような例外的な場合に限るとした。

(3)　最近は、直接強制が一般的

　このように、人身保護請求は例外で、原則としては家事事件で子の引渡しを命ずることにしなければならないとすると、家事事件の強制執行が実効性のあるものでなければならないと考えられるようになった。こうして、過去十数年以上にわたって、実務上、直接強制が広く行われるようになった[1]が、そのための規定はなく、「動産」の引渡しに関する規定が利用されていた。

　なお、子の引渡しを求める裁判には、離婚訴訟等の附帯処分等（親権者指定等）に付随して子の引渡しを求めるもの（人事訴訟法 32 条）、家事事件手続法に基づき、子の監護についての処分等として子の引渡しを求めるもの（同法 171 条、154 条 3 項）、民事訴訟において、親権または監護権に基づく妨害排除請求として子の引渡しを求めるものなどがある。また、親権者または監護者の指定・変更を本案とする審判前の保全処分として子の引渡しを求めるもの（同法 175 条、157 条）がある。人事訴訟や民事訴訟の場合も、仮の地位を定める仮処分（民保法 23 条 2 項）がある。

(4)　ハーグ条約実施法の検討と施行

　そのような中、わが国が国際的な子の連れ去りに関して、ハーグ条約を締結し、その実施のために、ハーグ条約実施法が平成 26（2014）年 4 月 1 日に施行された（詳細は後述 Q40）。これは国境を越えて不法に連れ去られた子を元いた国（常居所地国）に迅速に返還する国際的なしくみを定めたものであるが、わが国において、国際的な子の返還の強制執行をどのように行うかに関しては、激しい議論の対立があった。結局、まず間接強制を行い、その後、代替執行ができることとし、執行官の権限等について、ある程度詳細な規定がもうけられることとなった。ハーグ条約実施法は、子の心身への影響に配慮し、執行の現場で、子に対する威力の行使を禁止し、子以外の者に対する威力の行使も、子の心身に有害な影響を及ぼすおそれがある場合にはこれを禁止している（改正前

---

1)　青木晋「子の引渡しの執行実務」家月 58 巻 7 号（2006）93 頁。

140条5項、現140条3項)。また、中央当局において児童心理専門家を
子の返還の代替執行に立ち会わせ子の利益に配慮させることができるよ
うにしている(142条)。

2　国内の子の引渡しへの影響

　ハーグ条約実施法では、子どもを対象とする強制執行に特化した規定
が整備され、執行官の権限や責務が明確にされた。ハーグ条約実施法の
手続は、子の監護をどちらの親が行うべきかを判断するものでなく、子
の常居所地国に子を返還し、その国で監護について決定しようというも
のであるから、国内で子の引渡しを行う場合とは、権利の中身は相当に
異なっている。しかし、外形的には子の返還に類似する、国内における
子の引渡しの強制執行についても、同様に明確な規定を整備する必要性
がより強く意識されるようになった。
　なお、国内での子の引渡しについて、上記ハーグ条約実施法施行後
は、一部これと同様の方法での執行が志向されたことにより、直近で
は、(改正前の)ハーグ条約実施法と同様の問題点が、国内での子の引
渡しについても指摘されていた。すなわち、これまでは、国内の子の引
渡しについて、保育園や学校において、債務者のいないところでの引渡
しの直接強制もなされていたところ、ハーグ条約実施法では、債務者の
いるところで子の監護を解く「同時存在の原則」が強調されたことか
ら、これと同様に債務者の住居において、債務者のいるところで、執行
官が債務者を説得して、子の引渡しの直接強制を行うとする考え方がと
られるようになり、執行不能となる例が多くなったといわれている。
　今回の法改正にあたって、当初は、ハーグ条約実施法にならって、同
様の規定を民事執行法に置くことが考えられていたが、上記のように
ハーグ条約実施法の施行の過程で明らかになった問題に対応するため、
大枠は、ハーグ条約実施法にならおうとして、検討の最終段階になって、
これに若干の修正を加え、むしろハーグ条約実施法の規定を同様に修正
すべきということになった。

Q30

国内の子の引渡しに関する改正点はどのようなものか。

A

　国内の子の引渡しに関して、法 174 条以下に、明文の規定が置かれた。原則として、間接強制を行うこととし、その確定後 2 週間が経過した後に、直接強制を行うことができる。ただし、間接強制をしても債務者が子の監護を解く見込みがあるとは認められないときおよび子の急迫の危険を防止するときは、直ちに直接強制を行うことができる。

　このほか、直接強制は、執行裁判所が決定により執行官に子の引渡しを実施させる方法で行うこととなり、これに関する規定が置かれた。

〔解　説〕

1　強制執行の 2 つの方法

(1)　直接強制と間接強制

　子の引渡しについては、

①　執行裁判所が決定により執行官に子の引渡しを実施させる方法または

②　間接強制による方法

のいずれかにより行うこととされた（法 174 条 1 項）。

　しかし、ここで、①の執行官に子の引渡しを実施させる方法を行うことができるのは、つぎのいずれかに該当するときでなければならないとされている（同条 2 項）。

　ア　間接強制の決定が確定した日から 2 週間を経過したとき

　イ　間接強制を行っても、債務者が子の監護を解く見込みがあるとは認められないとき

　ウ　子の急迫の危険を防止するため直ちに強制執行をする必要がある

とき

このように、子の「急迫の危険」が問題とならず、間接強制を行っても債務者が子の監護を解く見込みがあるとは認められない場合を除き、間接強制を行うことが原則となっている。

(2)　①の決定をする場合の手続

そして、①の決定をする場合には、債務者を審尋しなければならないこととされている（法174条3項）。ただし、子に急迫した危険があるときその他の審尋をすることにより強制執行の目的を達することができない事情があるときは、審尋をすることを要しない（同条3項但書）。

執行裁判所は、①の決定において、執行官に対し、債務者による子の監護を解くために必要な行為をすべきことを命じなければならない（法174条4項）。

(3)　執行裁判所

①の執行裁判所は、代替執行に関する法171条2項が準用され、法33条2項1号または6号に掲げる債務名義の区分に応じて定まる。

　ア　代表的なものとして、債務名義が確定判決（法22条1号）、抗告によらなければ不服を申し立てることができない裁判（同条3号）、確定した執行判決のある外国裁判所の判決（同条6号）、確定判決と同一の効力を有するもの（同条7号）は第一審裁判所

　イ　確定判決と同一の効力を有するもの（同条7号）に掲げる債務名義のうち和解または調停は、和解または調停が成立した地方裁判所または家庭裁判所等

(4)　費用の支払

執行裁判所は、①の決定をする場合は、申立てにより、債務者に対し、その決定に掲げる行為をするために必要な費用をあらかじめ債権者に支払うべき旨を命ずることができる（法174条5項で準用される171条4項）。

(5)　執行抗告

　直接強制の申立て（法174条2項）や、上記(4)の費用の支払についての裁判に対しては、執行抗告をすることができる（同条6項）。

2　間接強制の手続

(1)　間接強制一般

　子の引渡しについての間接強制は、民事執行法172条1項に従って行われる（法174条1項2号）。すなわち、執行裁判所が、債務者に対し、遅延の期間に応じ、または相当と認める一定の期間内に履行しないときは直ちに、債務の履行を確保するために相当と認める一定の額の金銭を債権者に支払うべき旨を命ずる方法により行う。

(2)　相手方の審尋

　執行裁判所は、間接強制の決定をする場合には、申立ての相手方を審尋しなければならない（法172条3項）。

(3)　執行裁判所

　執行裁判所は、債務名義の区分に応じて定められる（法33条2項1号または6号、171条2項）が、典型的な家庭裁判所の審判の場合は、「抗告によらなければ不服を申し立てることができない裁判（確定しなければその効力を生じない裁判にあっては、確定したものに限る。）」（法22条3号）として、第一審裁判所が執行裁判所となる（法33条2項1号）。すなわち、家庭裁判所で子の引渡しが命じられた場合には、家庭裁判所が間接強制の執行裁判所となる。

(4)　執行抗告

　間接強制の申立てについての裁判に対しては、執行抗告をすることができる（法172条5項）。

3　直接強制の手続における執行裁判所と執行官との関係

　家事事件で子の引渡しが命じられた典型的な場合を念頭におくと、直接強制の手続においては、執行裁判所は第一審裁判所、すなわち、家庭裁判所である。一方、執行官は、地方裁判所の裁判官の監督を受けている。

　改正法のもとでは、直接強制の手続は、まず、子の引渡しの強制執行の申立書を提出し（規則157条）、執行裁判所である家庭裁判所が決定で、執行官に子の引渡しを実施させることとする。そして、執行官が、債務者による子の監護を解くために必要な行為（規則158条以下で、「引渡実施」と呼ばれている）をするよう、債権者は、引渡実施の申立書を提出する。

　執行官は、引渡実施を求める申立てをした債権者に対し、債務者および子の生活状況、引渡実施を行うべき場所の状況ならびに引渡実施の実現の見込みについての情報ならびに債権者およびその代理人を識別することができる情報の提供その他の引渡実施に係る手続の円滑な進行のために必要な協力を求めることができる（規則161条1項）。

　子の引渡しの申立てに係る事件の係属した裁判所または子の引渡しの強制執行をした裁判所は、引渡実施に関し、執行官に対し、当該事件または子の引渡しの強制執行に係る事件に関する情報の提供その他の必要な協力をすることができる（同条2項）。強制執行をした裁判所は第一審裁判所であるが、「子の引渡しの申立てに係る事件の係属した裁判所」は、高等裁判所も含まれうるため、記録外の情報を高等裁判所が有している場合などに高等裁判所からの情報提供の協力も期待できる。事件の係属した家庭裁判所や高等裁判所は、事実の調査をした家庭裁判所調査官や、診断をした裁判所技官に意見を述べさせることができる（同条3項）。

　なお、これらの規定による協力に際して執行官が作成し、または取得した書類については、その閲覧またはその謄本もしくは抄本の交付の請

求をすることができない（同条 4 項）こととなっている。執行のために執行官が作成・取得する情報は、非常に機微なものであり、将来債務者がそれを閲覧することがあるとわかれば、情報提供する側が安心して情報を提供することができないと考えられる。たとえば、債務者が一定の事態にどのように対応すると予想されるかをあらかじめ検討しておくことは重要であるが、関係者が自己の経験に基づいて検討結果を述べるとしても、誰が何をいったか債務者に知られるとすれば、報復や逆恨みの心配もあり安心して話をすることができないであろう。家事事件手続法自体は、手続の透明性を図るため、多くの書類の閲覧謄写ができるようにしている（ただし、裁判所の許可が必要）が、強制執行の場面は、もはや双方が主張立証を尽くす場でないことから、執行が安全・円滑に進められるようにすることが優先的な考慮事項となる。

　このように、執行官は、債権者代理人のほか、事件を担当した裁判官や家庭裁判所調査官からも情報を得て、綿密な準備をして執行に臨むことになる。

　特に、執行の場所をどこにするのか、その占有者の同意を得るのか、子の住居が債務者の占有する場所以外にある場合に、債権者が当該占有者の同意に代わる許可を執行裁判所に求めるのか（法 175 条 3 項）といったことについて、執行官と裁判所がよく連携して対応する必要がある。

　「占有者の同意に代わる許可」は、このたびの法改正で初めて設けられたものであり、これまで実務上も存在していないものであるが、それ以外については、これまでも、執行官と家庭裁判所、それに執行官を監督する地方裁判所とで密に連絡をとってきたものであり、民事執行法および民事執行規則の枠組みは、これまでの取組みを明文化した部分も多いと考えられる。

4　保全処分の場合

　審判前の保全処分として子を引き渡せと命ずることは多く、これまで、子の引渡しの執行も保全処分に基づくものがかなりの割合を占めて

きた。

　保全処分の場合には、「保全執行は、債権者に対して保全命令が送達
された日から2週間を経過したときは、これをしてはならない。」（民保
法43条2項）とされている。

　子の引渡しの保全処分は、「断行の仮処分」であり、争いがある権利
関係について債権者に生ずる著しい損害または急迫の危険を避けるため
これを必要とするときに発することができるとされている。したがっ
て、この保全処分が認容される限りは、子の急迫の危険を防止するため
直ちに強制執行をする必要があるときに該当する場合がほとんどではな
いかと考えられ、直接強制を直ちに行う要件、すなわち、「間接強制を
行っても、債務者が子の監護を解く見込みがあるとは認められないと
き」または「子の急迫の危険を防止するため直ちに強制執行をする必要
があるとき」の要件を満たすことになるのではないかと考えられる。

　一般の場合のように、間接強制を先に行い、間接強制決定の確定から
2週間待つという執行方法は、保全執行になじまないように思われる
が、たとえ、間接強制を前置しなければならないとされた場合でも、間
接強制の申立てを保全命令の送達から2週間以内に行えばよく、その後
の直接強制の申立てを2週間以内に行うことが求められるわけではな
い。そもそもそのようなことは不可能である（間接強制決定の確定から2
週間が経過しないと直接強制の申立てができないこととなっており、直接強
制までの申立てまでには2週間が経過することになるため）。

Q31

旧制度下での子の引渡しの強制執行はどのように行われていたか。

A

　旧制度下では、子の引渡しの強制執行について明文の定めはなく、解釈に委ねられてきたが、近年、実務的には、動産の引渡しと同様に扱われてきた。執行機関は、執行官であり（法169条）、執行官に対し、子の引渡しの強制執行を申し立てることとされていた。このような強制執行が執行不能になったときには、人身保護請求が用いられてきた。

【解　説】

1　概　説

　Q29で述べたとおり、近年、実務上は、「動産」の引渡しの強制執行に準じて子の引渡しの直接強制が一般的に行われてきた。

　かつては、子の引渡しについて、子に人格があることから、直接強制の対象とすることはできない、間接強制のみ可能であるとする考え方が有力であったが、正当な権利者が正当な手続により子の引渡しを受けることができないのでは、自力執行を誘発することにもなり好ましくない、との考えから、直接強制が認められるようになってきた。その間には、人身保護請求が多用されたこともあったが、この手続はもともと子の引渡しのためのものではなく、家庭裁判所調査官が関与することも予定されていないことから、子の引渡しについては、家事事件の審判と強制執行で解決すべきであるとされた（前記Q29で記載した、最高裁平成5年および平成6年判決）。

2　具体的手続──動産引渡しの準用

(1)　動産引渡しの強制執行の規定

　民事執行法 169 条は、「……動産の引渡しの強制執行は、執行官が債務者からこれを取り上げて債権者に引き渡す方法により行う。」と定めているが、子どもについても、ごく大まかには、執行官が子を債権者に引き渡すという方法によって行われてきた。具体的には、子の引渡しに関する債務名義（典型的には、「子を引き渡せ」と命じる審判など）を持つ債権者は、動産の引渡しを求める債権者同様、執行官に対し、子の引渡しの執行を求めていた。

(2)　実際の準備[1]

　しかし、実際には、子の引渡しの執行は動産の引渡しの執行と比べてはるかに困難であり、子の心身に対する影響も心配されることから、あらかじめの準備が非常に重要であるとされていた。

　東京地方裁判所における準備について、判事の紹介によれば、子の引渡しの直接強制の申立てを受けた執行官は、債権者（主として債権者代理人）に対し、家事事件の調査報告書の写しの提供を求めるなどして、直接強制の実施にあたり、必要な情報の収集に努める。典型的には、子の毎日の日課、出かける場所などが重視される。

　担当執行官は、必要があれば、民事 21 部（執行部）裁判官を通じて、担当家庭裁判所調査官などと事前ミーティングを実施する。事前ミーティングにおいては、直接強制のために参考となる事項を調査するが、中でも、子が通常所在する場所や監護環境、現に監護をしている者の性格や行動傾向を把握し、直接強制を実施する際に特に注意すべき事項などを確認する。事前ミーティングの結果、必要であると判断されるとき

---

1)　青木晋「子の引渡しの執行実務」家月 58 巻 7 号（2006）93 頁。99 頁以下による。

は、直接強制を担当する執行官は、他の執行官の援助を受け、2 名体制をとる。

　民事 21 部裁判官および東京家庭裁判所裁判官らは、すでに実施された強制執行に関し、必要に応じて事後ミーティングを実施する。

(3)　裁判官の関与

　以上のように、子の引渡しの直接強制は、改正前は執行官が執行機関であったものの、家庭裁判所裁判官や、執行官を監督する執行部裁判官、家庭裁判所調査官も実際には関与しており、念入りな準備をしてきた。

　改正後の子の引渡しにおいて、直接強制の申立ては、第一審裁判所である執行裁判所（多くの場合は家庭裁判所）に対してなされ（規則 157条）、その上で、執行官に、債務者による子の監護を解くために必要な行為（改正後の民事執行規則において「引渡実施」と呼ばれる）をするよう申し立てる（規則 158 条）ことになる。これらは、Q30 で述べたとおり、旧法のやり方を実質的には引きつぐ部分が多いといえよう。

3　人身保護請求

　最高裁の平成 5 年および平成 6 年の判決までは、子の引渡しについて、直ちに人身保護請求が行われることが多かったが、最近は、家事事件としての子の引渡しの強制執行が不奏効であった場合に、最終的な手段として、人身保護請求が用いられるようになってきた。

　しかし、子の引渡しの強制執行が執行不能で、人身保護請求を行う例は、必ずしも少なくない。平成 6 年の最高裁判例が想定していたものであるが、人身保護請求は、迅速容易に拘束者から被拘束者を救済することが目的であり、そのような仕組みとなっている。

　すなわち、高等裁判所または地方裁判所が、拘束者（一方の親）、被拘束者（子）、請求者（引渡しを求める他方の親）らの陳述を聴いて調査をし、審問期日においてこれらの者を召喚する（人身保護法 4 条、9 条、

12条)。審問期日における取調は、被拘束者、拘束者、請求者およびその代理人の出頭する公開の法廷においてこれを行うこととされ（同法14条1項）、代理人のないときには、裁判所が弁護士を代理人に選任する（同条2項）。子については、国選代理人が選任されるのが普通である。

裁判所は、審問の結果、請求を理由ありとするときは、判決をもって被拘束者を直ちに釈放する（同法16条）。裁判所は、拘束者が出頭の命令に従わないときは、勾引しまたは命令に従うまで勾留することができ（同法18条）、命令書にその旨記載される（同法12条2項、3項）。

下級裁判所の判決に対しては、3日以内に最高裁判所に上訴することができる（同法21条）。

このように、人身保護法は、裁判所が拘束者に強い強制力をもって裁判所に出頭させ、裁判所で子と親を離れさせたうえ、請求を認めるときは、請求者のもとに子を引き渡すこととする制度であるから、子が勝手に逃げ出したりする場合を除き、ほぼ確実に子の引渡しが実現できることとなる。

しかし、この制度は、平成6年の最高裁判決が述べるように、家事事件等の手続を尽くした上で、それに応じない場合など例外的な場合にのみ用いられることとなっている。この点は、法改正後も同様と考えられる。

Q32

旧制度下での実務の状況はどうであったか。

A

旧制度下では、子の引渡しについて、実務上、間接強制ができることは当然として、それ以外に、直接強制が行われてきた。しかし、何ら明文の規定がないことは問題であると考えられてきた。また、いわゆるハーグ条約実施法で類似の場面について具体的な条項が置かれたことから、これと同様の手続をとるべきではないかとの考え方が実務上採用されるようになった。しかし、そのことで、強制執行が以前より困難となる例もみられるようになった。

〔解　説〕

1　旧制度下の間接強制

　旧制度下で、国内の子の引渡しについては、理論上、間接強制をすることが可能であった。平成 15 年の民事執行法改正以前は、直接強制できる場合に間接強制をすることができないとされていたが、同改正後、直接強制することができる場合でも間接強制をすることができるようになった。もっとも、これまで間接強制が用いられた例は限られていたのではないかと思われる。国内の子の引渡しについては、保全処分のように緊急の手続を行う場合は、債務者が子を連れてどこかに行ってしまうのではないかと懸念されることもあり、迅速に保全処分および保全執行を行うことが期待されることが多い。また、保全処分でない場合も、話し合いなどで任意の引渡しができない場合に調停や裁判となり、その手続の中での任意の引渡しもできない場合に強制執行をせざるをえないことになるのが一般的である。調停の過程や、子の引渡しの決定が確定した後の任意交渉で、債務者が説得に応じるなどして子を引き渡す場合は

考えられるが、それに加えて、債権者があえて間接強制を申し立てることはあまり考えられない。それだけ交渉が難航するのであれば直接強制をするしかないと考えることが多いように思われる。

2　旧制度下の直接強制とハーグ条約実施法の影響

　旧制度下で、子の引渡しについて直接強制が用いられるのが一般的であることは、Q31 で述べたとおりである。

　しかし、子の引渡しの直接強制については、法律上の明文の定めがなく、動産の引渡しの条項を類推適用する扱いとなっており、実務上は動産と異なる考慮が必要な部分について、運用で補ってきていた。

　そのような中、国内の子の引渡しとは異なるものの、類似する場面（子の返還の代替執行）について、平成 26（2014）年 4 月施行のハーグ条約実施法が詳細な定めを置くこととなり、これを参考にする考え方が執行の現場でとられるようになってきた。

　ハーグ条約実施法では、債務者と子との「同時存在原則」があり、直接的な強制執行である代替執行（執行官が債務者に代わって子を外国に返還するため、まず債務者による子の監護を解き、その上で、返還実施者が子を海外に返還する）について、債務者がいる場所でなければ、子の監護を解く直接的な強制執行を行うことができないとされていた（旧ハーグ条約実施法 140 条 3 項「……子の監護を解くために必要な行為は、子が債務者と共にいる場合に限り、することができる。」）。これは、子の不安を緩和し、子の心身に与える負担を最小限に留める観点から、執行官が債務者を直接説得し、債務者に自発的に子の監護を解かせ、必要な協力をさせることを期待したものであるとされていた。子と債務者とが納得して、円満に引渡しに応じることができれば、子の心身にとっても望ましく、債務者がいないところで、執行官が子を別の場所に連れていくとすれば、子が不安であろうというものであった。「債務者がいない場で子の返還の代替執行を実施する方が子の安全を図ることができるのではないかという意見」も立法段階であったというが[1]、採用されなかった。

　このような方法は理想であったかもしれないが、ハーグ条約実施法の
もとでは、執行が困難になることが多かった。ハーグ条約実施法では、
執行官は子に対して威力を用いることができず、また子の見ている前で
親に威力を用いることもできないとされていたから、債務者が子を抱え
たまま離さないときには、執行官は債務者を説得するしかなく、しか
し、強制執行の現場での「説得」というのは困難なことであった。債務
者は、とにかく子を離さないようにし、また、年長の子は、執行官の指
示に抵抗して、家にとどまろうとするなどした。

　このように、ハーグ条約実施法上の代替執行は、債務者の同時存在原
則のもとで、施行後約 5 年に渡って、全く成功することがなかった。

3　国内の直接強制の変容

　ハーグ条約実施法施行前は、国内の子の引渡しの直接強制は、債務者
のいないところ、たとえば学校や保育園において行うこともあったが、
ハーグ条約実施法施行後は、国内の子の引渡しであっても、ハーグ条約
実施法と同様、債務者のいるところで行うとする傾向がみられた。

　しかし、債務者のいるところでの直接強制は非常に困難なことが多
く、執行不能になる例が以前より多くなったといわれている。

4　法制審議会民事執行法部会での検討

　法制審議会部会で子の引渡しに関する民事執行法改正を検討するにあ
たって、当初は、ハーグ条約実施法の枠組みをそのまま民事執行法に
もってくることが考えられており、同時存在の原則もそのまま採用する
ことが提案されていた。法制審議会部会での検討が始まったとき（平成

1)　金子修編集代表『一問一答　国際的な子の連れ去りへの制度的対応——ハー
　グ条約及び関連法規の解説』（商事法務、2015）286 頁。

28年11月）には、ハーグ条約実施法施行からわずか2年半ほどしか経過しておらず、ハーグ条約実施法の問題点もそれほど公けにはなっていなかった。

　ハーグ条約実施法は、国会承認に当たって両院の法務委員会の附帯決議で「本法の施行後3年を目途として、本法の施行の状況について検討を加え、その結果に基づいて必要な措置を講ずること。」としていたが、ちょうどそのころなされた「ハーグ条約の実施に関する外務省領事局主催研究会」は、平成29年4月に「参加有識者による議論のとりまとめ」を行い[2]、この中で「同時存在の原則」の問題点や間接強制前置の問題点が指摘されるに至った。

　もっとも、その後も1年近くはそのまま議論がなされ、平成30年6月ころになって初めて、ハーグ条約実施法も改正することを前提としての検討がなされることとなった。

　こうして、間接強制前置に例外を認めることや、同時存在原則をとらないといった改正がハーグ条約実施法についてなされることとなり、民事執行法についてはそれと平仄を合わせた規定を設けることとなった。

2）　https://www.mofa.go.jp/mofaj/files/000244351.pdf

Q33

直接強制の申立要件はどのようなものか。

A

つぎのいずれかである。
① 　間接強制の決定が確定した日から 2 週間を経過したとき、または
② 　間接強制を実施しても債務者が子の監護を解く見込みがあるとは認められないとき、または
③ 　子の急迫の危険を防止するため直ちに強制執行をする必要があるとき。
これらについて、執行裁判所が判断する。

【解　説】

1　直接強制の要件

　新たに定められた民事執行法 174 条 1 項においては、子の引渡しの強制執行の方法 2 つのうちのひとつとして、直接強制、すなわち、「執行裁判所が決定により執行官に子の引渡しを実施させる方法」(1 号) があげられている。そして、同条 2 項において、この直接強制の要件として 3 つのものを選択的に掲げている (「いずれかに該当するときでなければすることができない」)。
　直接強制については、債権者が執行裁判所に強制執行の申立てをし、執行裁判所が決定する (法 174 条 1 項 1 号、規則 157 条)。

⑴　間接強制決定確定から 2 週間
　民事執行法 174 条 2 項 1 号は、「172 条 1 項の規定による決定が確定した日から 2 週間を経過したとき」と規定している。これは、間接強制の決定が確定した日から 2 週間経過したとき、ということで、まず最初

に間接強制を行うべきことを定めている。

　直接強制の現場は、執行官が強制的な手段をとる場であり、できれば子どもの目の前で行うことは避けたいところである。したがって、債務者に心理的な強制を与え、子の引渡しの決定を自ら行うよう、間接強制の申立てを行い、その決定が確定してから2週間が経過したときに、初めて直接強制の申立てをすることができることとされている。

　しかし、どのような場合でも間接強制を先に行わなければならないとすることは適切ではない。特に、間接強制の「決定が確定した日から2週間」というと、一見短期間のようにみえるが、実は、当初の間接強制の決定に対し不服の申立てがなされれば、間接強制の申立てからその決定の「確定」まで、長期間を要することになりうる。間接強制決定の確定した日から2週間というのは、当初の間接強制の申立てから何か月も先のことになってしまうことがある。このことは、ハーグ条約実施法が間接強制を前置したため、すでに経験ずみのところであり、これが国内の子の引渡しについて同様に必要とされると大きな問題であると考えられた。そして、法制審議会の部会での議論の末、間接強制前置に例外を設けることとした。ハーグ条約実施法についても、これと平仄を合わせることとなった。その例外は、つぎに述べるものである。

(2)　間接強制を実施しても債務者が子の監護を解く見込みがあるとは認められないとき

　間接強制を経ることなく、直接強制の申立てを行うことができる場合として、「間接強制を実施しても債務者が子の監護を解く見込みがあるとは認められないとき」が規定されている。

　どのような場合に、「間接強制を実施しても債務者が子の監護を解く見込みがあるとは認められない」といえるかについていえば、たとえば、間接強制の意味がない場合が考えられる。債務者に、全く資産も収入もなく、他人に扶養されているような場合には、間接強制金を強制執行で取り立てることができず、間接強制をしても心理的な強制にすらならないということができる。逆に、債務者に相当な資産があり、間接強制金をいくら払ってもよい、というような場合も（間接強制金の金額は

莫大なものになるとは考えにくいため）、間接強制の意味がないといえよう。

　また、債務者が、引渡しについての調停・審判において、「たとえ裁判所の命令であろうとも、子どもを引き渡すつもりはいっさいない」趣旨を言明し、子の引渡しを命ずる家庭裁判所の決定が出たあとにおいても同様に述べている場合などは、「間接強制を実施しても債務者が子の監護を解く見込みがあるとは認められない」といえるであろう。場合によっては、間接強制の申立てを当初行い、そのための審尋において、債務者が同様のことをいっているときに、その時点で、直接強制の申立てをすることができるようになることも考えられる。

　さらに、債務者がこのようなことを述べていないとしても、債権者が間接強制の申立てを行った後、債務者が合理的な理由なく審尋への対応を遅らせたり、その主張の中で、監護の本案についての主張を繰り返しているような場合や、手続の遅延だけを図るような主張を行っているとみえる場合には、「間接強制を実施しても債務者が子の監護を解く見込みがあるとは認められない」と解される場合が多いと考えられる。

(3)　子の急迫の危険を防止するため直ちに強制執行をする必要があるとき

　間接強制を経ることなく直接強制の申立てを行うことができる場合のもうひとつは、「子の急迫の危険を防止するため直ちに強制執行をする必要があるとき」である。これは、間接強制の手続を待っていたのでは子に危険が及んでしまうとして、迅速に子の引渡しをする必要がある場合のことである。

　これは、債務者が子を虐待しているような場合、たとえば十分な食べ物を与えていないとか、子を閉じ込めて親が長時間出かけてしまうようなネグレクトの状態、医師の治療を受けるべきであるにもかかわらず民間療法を主張して子の健康が損なわれている場合、学齢期にあるにもかかわらず学校に行かせていない場合など、さまざまな例が考えられる。また、債務者が子を道連れにして無理心中をしてしまう可能性があるような場合には、その現実的な可能性の高さによっては、一方で、警察の

保護を求めるとともに、このような手続をすることも考えられよう。

　この場合も、裁判所の判断について予想が困難な場合など、次項で述べるように、間接強制の申立てと同時にこの申立てを行う場合も考えられよう。

2　直接強制と間接強制の手続との関係

(1)　間接強制申立ての途中で直接強制の要件を満たすことが明らかになったとき

　上記1(2)の場合（間接強制を実施しても債務者が子の監護を解く見込みがあるとは認められないとき）においては、たとえ間接強制の申立てを先行させたとしても、その後に「間接強制を実施しても債務者が子の監護を解く見込みがあるとは認められない」事由が明らかになったときには、その時点で、直接強制の申立てが許容され、間接強制の手続は中止できると考えられる。

(2)　直接強制申立ての際の予備的な間接強制の申立て

　債権者が最初から、「間接強制を実施しても債務者が子の監護を解く見込みがあるとは認められない」事由があると考え、直接強制の申立てをするとともに、これが認められない場合に備えて予備的に間接強制の申立てをすることはどうであろうか。執行裁判所は、典型的な場合には、いずれも第一審裁判所であるため、申立先は同じであり、判断者も同じである。

　平成15年の民事執行法の改正により、間接強制は、直接強制ができるものであっても行うことができるようになったことから、並行して申立てをすること自体に理論的な問題はないはずである。この点に関し、単純に間接強制と代替執行とを並行して申し立てた事案について判断がなされた裁判例[1]があり、これについて検討した論文[2]がある。裁判所

---

1)　鳥取地決平成16年12月8日、広島高松江支決平成17年2月24日。いずれも大濱論文に紹介されている。

は、つぎのように述べている。

「権利実現の実効性を高める見地から、いわゆる間接強制の補充性を排してその適用範囲を拡張し、代替的な作為義務等についても間接強制の方法を認めることとし、その際、執行方法の選択については権利実現に最も利害関係を有する債権者の判断に委ね、債権者が自由にこれを選択して申し立てることができるようにした改正法の立法経過・趣旨に照らせば、代替執行と間接強制との併存的申立ては可能であると解するのが相当である」（広島高松江支決）。学説も同様の考え方が有力である[3]。大濱は、このような併存的申立ては認めることができないと解しつつ、債権者の救済を図るには予備的併合を認めたほうがよいと考えている[4]。

　上記の裁判例の事案は、子の引渡しのように、原則として間接強制、例外的な事由が認められる場合のみ直接強制とする制度に基づくものではなく、完全に並列的な申立てとなっている。ここで、まさに子の引渡しの場合には、債権者としては、主位的に直接強制、予備的に間接強制を求めているのであるから、大濱によってもこれは認められることになるし、もちろん裁判所によっても否定されるものではないと考えられる。

(3)　直接強制申立てと間接強制申立てとが並行して行われた場合の審理のあり方

　直接強制の申立てがなされた場合、直接強制の要件を満たさなければ却下されるといわれている。これだけをみれば当然ともいえることであるが、間接強制と直接強制とが同時に申し立てられた場合については、その審理の方法についても工夫が必要である。

　たとえば(1)で述べたように、間接強制の手続の中での債務者の審尋に

---

2)　大濱しのぶ「間接強制と他の執行方法との併用の許否―間接強制と代替執行の併用が問題になった事例を手がかりとして」判タ 1217 号（2006）73 頁。

3)　鈴木雄輔「間接強制と代替執行・直接執行の併用の許否」金法 1900 号（2014）57 頁、60 頁。なお、鈴木は、改正前のハーグ条約実施法が間接強制前置としていることに言及している。

4)　大濱・前掲注 2）95 頁。

よって、間接強制を実施しても子の監護を解く見込みはないことが判明
し、直接強制の申立ての要件が明らかになることもあると考えられ、こ
の方法は、手続全体を効率的に進めることに資するものである。ここで
は、直接強制が主位的な申立てであるとしても、その審理に時間を要す
ると裁判所が判断した場合には、間接強制の手続も同時に進めるべきで
ある。

　仮に、明らかに直接強制の要件がないとみえる場合であっても、間接
強制の手続を進めていけば、それが確定して2週間後には直接強制の要
件を満たすことになるため、直接強制の申立てを直ちに却下するのでな
く、保留するような手続が考えられてよい。間接強制についての手続が
進行し、間接強制決定が出たあと、執行抗告がなされ、事件が高等裁判
所に移審となったような場合には、その不服内容次第では、「間接強制
を実施しても債務者が子の監護を解く見込みがあるとは認められないと
き」に該当するとして、直接強制の手続の保留を解き、その審理を進め
ることが考えられるのではないだろうか。

　この場合、債務者の地位が不安定になるとの懸念があるかもしれない
が、もともと強制執行の段階に至ったときは、債務者は義務を履行しな
ければならないのが原則であって、強制のしかたが2種以上あるからと
いって債務者の裁判の負担を考慮すべきとは思われない。また、申立て
が却下されてから再度申立てを行うことは、当事者にとっても裁判所に
とっても事務的な負担が増すだけであると考えられ、運用でこれをでき
るだけ減らすようにすることが望まれる。

　裁判所が、直接強制の申立ての要件を満たさないとして却下したあ
と、債権者が初めて間接強制の申立てをすることとなれば、それだけ
で、最低でも1、2週間は経過してしまうと考えられ、それではこれら
の規定全体の仕組みや意図には沿わないもののように思われる。また、
同時申立てで、間接強制の手続に時間がかかっている間に、直接強制の
申立てを却下しなければならないとする理由は、単に申立てに早期に回
答する、というだけのことだと考えられる。判断を遅らせれば、債務者
が自ら履行しない限りはほぼ必ず認容することになる（いつかは、間接
強制決定が確定してから2週間が経過し、直接強制の要件を満たすことにな

る）ことから、直接強制の申立てについての却下を急ぐ理由はないように思われる。もちろん、間接強制によって子の引渡しが実現すれば、その時点で直接強制の申立てを取り下げることとなるであろうし、却下することも問題ない。

　よって、債権者が主位的に直接強制の申立てをするとともに、予備的に間接強制の申立ても行うことは、不適法とせず、その審理の方法も、全体として効率的に手続が進められるような工夫がなされるべきである。

Q34

直接強制の申立てに要する書類や、費用はどうなっているか。

A

　直接強制の申立てには、執行裁判所に子の引渡しの強制執行の申立書を提出しなければならない（規則 157 条）。執行裁判所が執行官に子の引渡しを実施させる決定をした後、債権者は、執行官に対し、「子の監護を解くために必要な行為を求める」旨の申立書を提出しなければならない（規則 158 条）。

〔解　説〕

1　直接強制の申立て

　直接強制の申立ては、執行裁判所に対して、執行官に子の引渡しを実施させる決定をするよう求めることから始まる。
　子の引渡しの強制執行の申立書には、つぎのような事項の記載を要する（規則 157 条）。
- 　債権者および債務者の氏名および住所ならびに代理人の氏名および住所（規則 21 条 1 号に定められた事項）
- 　債務名義の表示（同条 2 号に定められた事項）
- 　民法 414 条 2 項本文または 3 項に規定する請求に係る強制執行（代替執行）を求めるときは、求める裁判（規則 21 条 5 号に定められた事項）
- 　子の氏名
- 　子の引渡しの直接強制を求めるときは、その理由および子の住所
- 　法 174 条 2 項 2 号（間接強制をしても引渡しの見込みがあるとはいえないとき）または 3 号（子に急迫の危険があるとき）に該当することを理由として直接強制を求めるときは、上記 2 号または 3 号に掲

げる事由に該当する具体的事実

この申立書には、つぎの書類を添付しなければならない。

①　執行力のある債務名義の正本

②　間接強制決定の確定から 2 週間経過したことを理由に強制執行を求めるときは、間接強制決定の謄本および当該決定の確定についての証明書

執行裁判所は、直接強制の申立ての要件があるか否かの判断を行い、直接強制の決定または直接強制の申立ての却下を行うこととなる。

2　執行官に対する引渡実施の申立て

直接強制（執行官に子の引渡しを実施させる）の決定がなされれば、債権者はつぎに執行官に対し、「子の監護を解くために必要な行為を求める」旨の申立書（引渡実施の申立書）を提出する。引渡実施の申立書には、つぎのような事項の記載を要する（規則 158 条）（下線部は類似の項目で、執行裁判所に対する申立書の記載事項と異なる部分）。

・　債権者および債務者の氏名および住所ならびに代理人の氏名および住所ならびに債権者の生年月日

・　債権者またはその代理人の郵便番号および電話番号（ファクシミリの番号を含む。）

・　子の氏名、生年月日、性別および住所

・　債務者の住居その他債務者の占有する場所において引渡実施を求めるときは、当該場所

・　それ以外の場所において引渡実施を求めるときは、当該場所、当該場所の占有者の氏名または名称および当該場所において引渡実施を行うことを相当とする理由ならびに法 175 条 3 項の許可（占有者の同意に代わる許可）があるときはその旨

・　引渡実施を希望する期間

この申立書には、つぎの書類を添付する必要がある。

①　執行裁判所が執行官に子の引渡しを実施させるとした決定（法

174条1項1号の規定による決定）の正本

② 債務者および子の写真その他の執行官が執行場所でこれらの者を識別することができる資料

③ 債務者および子の生活状況に関する資料

④ 占有者の同意に代わる執行裁判所の許可（法175条3項の許可）があるときは、当該許可を受けたことを称する文書

⑤ 債権者に代わって代理人が出頭することができるとする決定（法175条6項の決定）があるときは、当該決定の謄本

執行官は現場で、子の引渡しの対象である子や債務者を識別し、適切に対応しなければならないため、これに資する書面の提出が求められる。子の「性別」に関しては、近年センシティブな問題もあるが、やはり対象の子を間違いなく引き渡すためには必要であると考えられ、申立書への記載が要求されることとなった（債権者、債務者、代理人等は性別の記載を求められていない）。債権者が長く子と会えていないような案件では、債権者が子の最近の写真を持っていないような場合もあり、子の識別のための参考情報が多くあったほうがよいと考えられた。

債務者や子の生活状況に関する資料は、執行の場所や時刻を決め、円滑な執行をめざすために非常に重要である。

3　占有者の同意に代わる執行裁判所の許可

執行裁判所は、子の住居が債務者の住居その他債務者の占有する場所以外の場所である場合において、債務者と当該場所の占有者との関係、当該占有者の私生活または業務に与える影響その他の事情を考慮して相当と認めるときは、債権者の申立てにより、当該占有者の同意に代わる許可をすることができることとなっている（法175条3項）。

この申立ては、つぎに掲げる事項を記載した書面でしなければならない（規則159条1項）。

① 子の住居およびその占有者の氏名または名称

② 申立ての理由

　申立ての理由においては、申立てを理由付ける事実を具体的に記載し、かつ立証を要する事由ごとに証拠を記載しなければならない（規則159 条 2 項で準用する規則 27 条の 2 第 2 項）。

　この申立てを行うのは、債務者と近い関係にある者のところに子が居住しており、そこの占有者が執行官の立入りを拒否すると子の引渡しの執行ができないというのでは不合理と考えられるような場合が想定されている。もし、このような場合でも、子のいる場所に立ち入るために占有者の同意が必要であるとすれば、債務者に近い関係の者は、通常同意をしないと考えられるため、強制執行が不能となってしまう。そのようなことでは簡単に強制執行を免れることができることになってしまい、適切ではない。

　逆に、債務者とは関係のない第三者のところについては、占有者の私生活や業務に影響のある執行官の立入りについて、裁判所が許可することは適切でない場合がありうると考えられる。もっとも、子の住居があるところをその第三者が占有しているというのであり、債務者が子の監護をしているのであるから、その第三者が債務者とあまり関係がないという事態は考えにくいのではないだろうか。

　なお、保育園や学校については、子の住居があるわけでもなく、もともと裁判所が占有者の同意に代わる許可を出すことは想定されていない。ただし、このような場所での強制執行は、諸事情から望ましい場合もあるので、保育園や学校には、債権者や執行官がよく説明し、子の利益のために執行官が立ち入ることについての同意を求めるべきであろう。（Q37 参照）

4　費　　用

　民事訴訟費用等に関する法律別表第一により、直接強制の申立て（法174 条 1 項 1 号の強制執行の申立て）の手数料は、2,000 円である（11 の 2のイ）。また、執行官法により、引渡実施（法 174 条 1 項 1 号の規定による決定に基づく執行）について、執行官は手数料を受ける（執行官法 8 条

20号)。執行官の手数料は、最高裁判所規則である「執行官の手数料及び費用に関する規則」に定められており、同規則26条の3により、子の監護を解くために必要な行為をする場合の手数料の額は、2万5,000円とされている（1項）。この事務に着手し、目的を達することができない場合の手数料の額は7,000円である（2項）。

Q35

直接強制における執行官の権限と責任はどのようなものか。

A

執行官は、債務者による子の監護を解くために必要な行為として、債務者に対し説得を行うほか、債務者の住居に立ち入って子を捜索したり、債権者と子を面会させたりすることができ、債務者の住居その他債務者の占有する場所以外でも、一定の場合には、占有者の同意に代わる執行裁判所の許可を得て、同様のことをすることができる（法175条）。執行裁判所および執行官は、直接強制による子の引渡しを実現するに当たっては、子の年齢および発達の程度その他の事情を踏まえ、できる限り、当該強制執行が子の心身に有害な影響を及ぼさないように配慮しなければならない（法176条）。

〔解　説〕

1　執行官の権限等

(1)　基本的規定

改正民事執行法においては、子の引渡しの執行における執行官の権限が明確に定められた。

執行官は、同法175条に定めるとおり、債務者による子の監護を解くために必要な行為として、「債務者に対し説得を行う」ほか、

① 債務者の住居その他債務者の占有する場所に立ち入り、子を捜索すること。

② 債権者もしくはその代理人と子を面会させ、または債権者もしくはその代理人と債務者を面会させること。

③ 債務者の住居その他債務者の占有する場所に債権者またはその代理人を立ち入らせることなどができる（詳細はQ37の項参照）。

　上記①で債務者の住所等に立ち入り、子を捜索する際に、必要がある
ときは、閉鎖した戸を開くため必要な処分をすることができる。この規
定は、動産執行（法123条2項後段）や、不動産の引渡しや明渡しの執
行（法168条4項）、動産の引渡し執行（法169条2項による法123条2項
の準用）の場合と同様である。

(2)　執行の準備

　執行官は、引渡実施を求める申立てをした債権者に対し、債務者およ
び子の生活状況、引渡実施を行うべき場所の状況ならびに引渡実施の実
現の見込みについての情報ならびに債権者およびその代理人を識別する
ことができる情報の提供その他の引渡実施に係る手続の円滑な進行のた
めに必要な協力を求めることができる（規則161条1項）。そして、子の
引渡しの申立てに係る事件の係属した裁判所または子の引渡しの強制執
行をした裁判所は、引渡実施に関し、執行官に対し、当該事件または子
の引渡しの強制執行に係る事件に関する情報の提供その他の必要な協力
をすることができる（同条2項）。そして、事件の係属した家庭裁判所
や高等裁判所は、事実の調査をした家庭裁判所調査官や、診断をした裁
判所技官に意見を述べさせることができる（同条3項）。

(3)　債務者の説得

　ここで最も強調されているのは、執行官が「債務者に対し説得を行
う」ことである。一般に強制執行の場面では、執行官が債務者を説得す
ることで、できる限り有形力を行使せずに権利内容の実現を図ることが
好ましいとされている。このことは、たとえば不動産の明渡しにおいて
も、当初は執行官が債務者と話をして自発的な明渡しを求めるのが一般
的であることにも現れている。しかし、それがうまくいかないときは、
威力を用いて強制執行をすることが前提となっており、これまで民事執
行法の規定には「説得」という文言はみられなかった。
　しかし、子の引渡しについては、特に「執行官による債務者の説得」
を重視しているものと考えられる。言い換えれば、後に述べるとおり、
子の引渡しの強制執行では、子に対する威力や、子がみている前での親

に対する威力の行使ができないため、説得がほぼ最終的な手段になっているともいえる。

　もっとも、強制執行が「説得」にとどまるのでは本来の「強制執行」への期待に沿わない。そして、このような説得は、債務者が子と共にいる場合だけの問題ということができる。

　今般のハーグ条約実施法の改正で、子の引渡実施にあたって、必ずしも債務者が子と共にいることが要件ではなくなり、国内の子の引渡しもそれと同様の規定となった。債務者のいるところでの執行もありうるが、債務者のいない場所での執行が可能であり、その場合は「説得」は問題とならない。

⑷　債務者の住居その他債務者の占有する場所以外の場所における執行官の行為

　執行官は、子の心身に及ぼす影響、当該場所およびその周囲の状況その他の事情を考慮して相当と認めるときは、債務者の住居その他債務者の占有する場所以外の場所においても、引渡実施に必要な行為として、当該場所の占有者の同意を得てまたは執行裁判所の許可を受けて、⑴で述べた、債務者の住居その他債務者の占有場所におけるのと同様の行為をすることができる（法175条2項）。

⑸　威力を用いること

　一般に、執行官は、職務の執行に際し抵抗を受けるときは、その抵抗を排除するために、威力を用い、または警察上の援助を求めることができる（法6条1項）。

　しかし、執行官は、子に対して威力を用いることができず、子以外の者に対して威力を用いることが子の心身に有害な影響を及ぼすおそれがある場合においては、当該子以外の者についても同様とすることとなっている（法175条8項）。すなわち、子がみているところで、債務者に対して威力を用いるようなことはできないと考えられる。子を別室に確保しているような場合は、それ以外の場所で、執行官が警察官の援助を受けて、債務者や第三者の抵抗を排除するようなことが可能である。

　なお、この点に関し、海外（たとえばオーストラリア）の子の引渡しの強制執行では、債務者が抵抗すれば有無をいわせず直接的な有形力を行使するのが一般的のようである。もっとも、そのように強力な手段が最終的に用意されていることがわかっているため、債務者も抵抗することが少ないとも聞く。

　わが国では、子がみているところでの威力の行使が子の心身に有害な影響を及ぼすと考えられているが、海外では、子のみているところでの一時的な有形力行使よりも、執行不能になって、裁判が実現されていない状況が長く続くことのほうが子どもの心身への有害な影響が大きいとの考えである。

2　執行官の責務──子に対する配慮

　「執行裁判所及び執行官は、子の引渡しの直接強制の手続において子の引渡しを実現するに当たっては、子の年齢及び発達の程度その他の事情を踏まえ、できる限り、当該強制執行が子の心身に有害な影響を及ぼさないように配慮しなければならない」（法176条）とされた。

　この規定は、これまで、子の引渡しにあたって動産の引渡しの規定を準用し、子の特殊性に何ら言及していなかったことから、執行裁判所も執行官も、強制執行が子の心身に有害な影響を及ぼさないように配慮する義務を宣言したものと考えられる。この文言自体はごく当然のことをいっているものであり、少しでも抵抗があったら執行を中止しなければならないというものではない。「子の心身に有害な影響を及ぼさないように配慮する」ということが何をさすかは、一義的に明らかでないかもしれない。

　もちろん、円満に、債務者が債権者に子を引き渡すことができれば最も望ましいかもしれないが、そのようなことは通常期待できない。そうすると、債務者が子と共にいる場合に、債務者が抵抗したとき、そのような抵抗の場に子を置くことは、子の心身に有害な影響を及ぼしうることであると考えられるかもしれない。一方、執行が不能となって債務者

のもとに子がとどまることになれば、裁判に反する事態が続くことになり、そのこと自体、「心身に有害な影響を及ぼす」ことになりうるかもしれない。執行官は子の心理の専門家ではないから、場合によっては、あらかじめ家庭裁判所調査官とよく打ち合わせるなどして、いくつかのシナリオとそれへの対応を検討しておくことなどが考えられよう。

　なお、これまでのハーグ条約実施法のもとでの代替執行の例をみると、債務者と子が共にいる場合には、子の心身に有害な影響を及ぼす事態になることが多いため、あらかじめ債務者の状況、子の状況等の情報を十分検討し、執行場所を適切に選択する必要がある。

Q36

執行実施の要件はどのようなものか。

A

　強制執行は、執行文の付された債務名義の正本に基づいて実施する（法25条）。執行官が債務者の住居その他債務者の占有する場所またはそれ以外の場所において、債務者による子の監護を解くために必要な行為をするには、債権者またはその代理人がその場所に出頭していなければならない（法175条5項、6項）。

〔解　説〕

1　債務名義の正本の送達

　強制執行の実施は、執行力のある債務名義に基づいてなされる（法25条）。Q34で子の引渡しの強制執行の申立ての際に必要な書類について述べたとおり、強制執行の申立書のほか、「執行力のある債務名義の正本」が必要である。子の引渡しについて、多くの場合用いられるであろう、家事審判について、「金銭の支払、物の引渡し、登記義務の履行その他の給付を命ずる審判は、執行力のある債務名義と同一の効力を有する」（家事事件手続法75条）とされており、家事審判書とこれが確定したことの証明のみで、執行力ある債務名義となっている。

　執行のためには、債務名義が、あらかじめまたは同時に相手方に送達されていなければならない（法29条前段）のが原則である。債務者に対して、どのような債務名義に基づいて強制執行が行われる可能性があるかを知らせて防御の機会を与えるためである。民事執行法29条の原則の例外として、送達前であっても強制執行を開始することができる場合として、仮差押えおよび仮処分の執行がある（民保法43条3項）。

2　債権者の執行現場への出頭

　改正前のハーグ条約実施法は、債務者と子が共にいる場合にのみ代替執行を行うことができるとしていた（ハーグ条約実施法 140 条 3 項「同時存在の原則」）。これは、子が事態を飲み込めず恐怖や混乱に陥ったり、不安にならないようにという配慮に基づくものであった。そして、国内の子の引渡しも、法制議会の部会の検討では、当初はこれと同様の規定を置こうとしていた。しかし、子が債務者と共にいることで激しい抵抗をする場合が多く、強制執行に困難をもたらしていた経緯に鑑み、最終的には、債務者の同時存在原則は採用されないこととなった。そして、代わりに債権者が執行場所に出頭した場合に限って執行を行うことができるとした。これは、債務者が一緒でないと不安ではないかとの懸念に対し、もう一方の親である債権者が子のところに来れば、子の心情の安定に資するであろうということに基づく。

3　債権者に代わって出頭する代理人についての決定

　ただし、債権者が常に執行現場に出頭できるとは限らないため、代理人が立ち会う余地も認めている。すなわち、執行裁判所は、債権者が執行の場所に出頭することができない場合であっても、その代理人が債権者に代わって当該場所に出頭することが、当該代理人と子との関係、当該代理人の知識および経験その他の事情に照らして子の利益の保護のために相当と認めるときは、債権者の申立てにより、当該代理人が当該場所に出頭した場合においても引渡実施をすることができる旨の決定をすることができる（法 175 条 6 項）。
　この申立てには、
　①　代理人となるべき者の氏名および住所
　②　申立ての理由

を記載することとなっている（規則 160 条 1 項）。

　申立ての理由においては、申立てを理由付ける事実を具体的に記載し、かつ立証を要する事由ごとに証拠を記載しなければならない（規則 160 条 2 項で準用する規則 27 条の 2 第 2 項）。

　ここでの代理人は、債権者に代わって子を安心して引渡しに応じさせる役割を負っているのであるから、基本的には、子と面識のある大人であることが普通であろう。もっとも、子どもが非常に幼いような場合には、面識は問題とならない。また、「代理人の知識及び経験その他の事情に照らして」「子の利益の保護のために相当」というのがどのようなものをいうかはいちがいにはいえないであろうが、弁護士であっても、子と会ったことがあり、子が安心してくれるような場合には、ここでの代理人にふさわしいといえるであろう。

　債権者の執行場所への出頭の規定は、場面が異なるものの、不動産の引渡し等の強制執行にも見られる（「第 1 項の強制執行は、債権者又はその代理人が執行の場所に出頭したときに限り、することができる。」（法 168 条 3 項））。

Q37

執行場所の規律はどのようなものか。

A

　執行場所について、民事執行法は、「債務者の住居その他債務者の占有する場所」（175 条 1 項）のほか、執行官が子の心身に及ぼす影響、当該場所およびその周囲の状況その他の事情を考慮して相当と認めるときは、それ以外の場所においても、債務者による子の監護を解くために必要な行為をすることができる（同条 2 項）と定めている。後者の場合には、占有者の同意を得るか、執行裁判所により占有者の同意に代わる許可を取得することとされた（同条 3 項）。

【解　説】

1　執行場所の定め

　子の引渡しの直接強制に関する執行官の権限は、法 175 条に新たに定められたが、同条 1 項および 2 項は、改正前のハーグ条約実施法の 140 条 1 項および 2 項にきわめて類似している。

(1)　債務者の住居その他債務者の占有する場所

　執行官は、債務者による子の監護を解くために必要な行為として、債務者に対し説得を行うほか、債務者の住居その他債務者の占有する場所において、つぎに掲げる行為をすることができる（法 175 条 1 項）。
　1 号　その場所に立ち入り、子を捜索すること。必要があれば、閉鎖した戸を開くため必要な処分をすること。
　2 号　債権者若しくはその代理人と子を面会させ、又は債権者若しくはその代理人と債務者を面会させること。
　3 号　その場所に債権者又はその代理人を立ち入らせること。

　「債務者の住居その他債務者の占有する場所」とは、債務者の自宅や、自営業の職場などである。1号は、動産の引渡しの強制執行における執行官の権限と同じである（法169条で準用される法123条2項）。2号および3号は、子の引渡しに固有のものである。Q36で述べたとおり、執行を実施する要件として、債権者またはその代理人が執行場所に出頭しなければならないこととなっており、特に債務者のいない場での直接強制を行う際には、子が困惑しないよう、債権者（もうひとりの親）が子と面会することが重要であると考えられる。

(2)　(1)以外の場所

　執行官は、子の心身に及ぼす影響、当該場所およびその周囲の状況その他の事情を考慮して相当と認めるときは、債務者の住居その他債務者の占有する場所以外の場所においても、(1)であげた各号の行為をすることができる（法175条2項）こととされている。もともとは、債務者の占有する場所以外では、債務者のプライバシーが明らかになることから望ましくないとの考えもあったようであるが、債務者の住居で強制執行が行われていても、実際には、激しい抵抗などがあれば、近所には明らかになるし、債務者の住居その他債務者の占有する場所以外でも、綿密な準備のもとにプライバシーを尊重した形での強制執行は可能である。

　この場合、執行官は、当該場所の占有者の同意を得るか、または執行裁判所が当該占有者の同意に代わる許可をすることとなっている（法175条3項）。ここで、執行裁判所は、「子の住居が債務者の住居その他債務者の占有する場所以外の場所である場合において」債務者と当該場所の占有者との関係、当該占有者の私生活または業務に与える影響その他の事情を考慮して相当と認められる場合に、当該占有者の同意に代わる許可をすることができるとされている（同項）。執行官は、この許可を受けたことを証する文書を提示しなければならない（法175条4項）。

2　占有者の同意に代わる許可

　改正前のハーグ条約実施法では、債務者と子がいる場所でなければ代替執行ができないとされていた（同時存在の原則）ため、執行の場所は、ほぼ例外なく債務者の自宅となっていた。このたびの民事執行法改正ではこの点を改め（ハーグ条約実施法も同様に改正）、債務者の自宅や債務者の占有する場所以外での子の住居で執行する場合について、裁判所が占有者の同意に代わる許可をする場合もあると定めている。

　ここで、債務者の自宅以外の場所で、執行裁判所が占有者の同意に代わる許可を出すことが想定されていたのは、典型的には、「子の住居」である債務者の親（子の祖父母）の家である。債務者の親は、債務者に同調して、代替執行に抵抗し、自己の占有する建物への執行官の立入りを拒むことが予想されるが、そのような場合には、裁判所は、債務者と当該場所の占有者との関係（親子関係）や占有者の私生活に与える影響などを考慮して、占有者の同意に代わる許可をすることが多いと考えられる。一方、学校や保育園については、「子の住居」ではないため、占有者の同意に代わる許可をすることは考えられておらず、占有者の同意を得ることが期待されている。

3　学校や保育園での執行

　かねて、国内の子の引渡しについては、債務者の同時存在を要しないとされており、これまで執行場所として比較的多くみられたのは学校や保育園であった。学校や保育園については、他の児童や幼児との関係や、学校や保育園の通常の業務への妨げなどが懸念点としてあげられることがあるが、強制執行は、十分に準備をし、子が他の子と一緒にいるところに執行官が行くのではなく、対象の子を教師や保育士が別室に連れていき、そこに執行官および債権者が行くなどして、他の子どもたち

の通常の活動への影響をできるだけ少なくすることが考えられるであろう。

このように、方法を工夫することにより、学校や保育園の通常の業務への妨げは最小限にすることが可能であることから、学校や保育園では、執行場所としての打診があった場合に、その立入りに同意することが通常は望ましいと考えられる。裁判所が決定した子の引渡しは、迅速円滑に執行されることが子の福祉にかなうということができ、これをいたずらに遅らせたり、困難にすることは、結局は子の利益とならない。学校や保育園への立入りができずに、門から子が出てきたところで執行するというようなことになれば、公衆の目の前での執行となり、執行の対象となる子にとっても、周りにいて様子をみることになる他の子にとっても、心身に負担を負わせることが懸念される。また公道では、より危険であるということもできるであろう。

直接強制のため、債権者への子の引渡しが円滑に行われる場が確保され、迅速に執行ができることは、債権者のためだけではなく、司法作用が機能するという意味で社会全体の利益であり、子の利益になることでもあるといえよう。

Q38

　民事執行法改正後の子の引渡しに関する手続の流れ（まとめ）はど
のようになっているか。また、留意点は何か。

A

　民事執行法改正後の国内の子の引渡しに関しては、原則として、まず間
接強制を行わなければならないとされていることに留意する必要がある。
直接強制の申立てをするにあたっては、間接強制の決定が確定して 2 週
間経過していることを要する。ただし、間接強制を行っても債務者が監護
を解く見込みがあるとはいえない場合または子の緊急の危険を防止する必
要があるときは、間接強制の申立てをすることなく、直ちに直接強制の申
立てをすることができる。

〔解　説〕

1　改正後の手続の流れ

　民事執行法改正後の国内の子の引渡しについて、主要なポイントは、
つぎのとおりである。

(1)　間接強制の申立て
　原則として、執行裁判所に間接強制を申し立てる。例外的な場合は、
直ちに直接強制の申立てができる。執行裁判所は、通常、第一審裁判所
（多くの場合は家庭裁判所）である。

(2)　直接強制の申立て
　間接強制の申立てに対する決定の確定後 2 週間経過すると直接強制の
申立てを行うことができる。
　また、つぎのような例外的な場合は、直ちに直接強制の申立てをする

ことができる。
①　間接強制を行っても債務者が監護を解く見込みがあるとはいえない場合
または
②　子の緊急の危険を防止する必要があるとき

(3)　直接強制の申立ての仕組み

　直接強制は、執行裁判所である第一審裁判所（多くの場合は家庭裁判所）に対して申し立て、執行裁判所が、直接強制の要件を満たすか否か判断する。執行裁判所が要件を満たすとして「執行官に子の引渡しを実施させる」決定を出した後、債権者は、執行官に対し、子の監護を解くために必要な行為を求める申立て（引渡実施の申立て）を行う。

(4)　引渡実施に向けた準備

　引渡実施に向けて、執行官は債権者に対し、引渡実施を行うべき期日の前後を問わず、債務者および子の生活状況、引渡実施を行うべき場所の状況ならびに引渡実施の実現の見込みについての情報ならびに債権者およびその代理人を識別することができる情報の提供その他の引渡実施に係る手続の円滑な進行のために必要な協力を求めることができる（規則161条1項）。

　そして、子の引渡しの申立てに係る事件の係属した裁判所等は、引渡実施に関し、執行官に対し、情報の提供その他の必要な協力をすることができる（規則161条2項）。そして、事件の係属した家庭裁判所や高等裁判所は、事実の調査をした家庭裁判所調査官や、診断をした裁判所技官に意見を述べさせることができる（同条3項）。

(5)　執行の現場

　執行官は、引渡し実施に必要な行為として、「債務者の説得」のほか、債務者の住居等に立ち入り、子を捜索することができる。

　また、債権者と子を面会させたり、債権者と債務者を面会させること、債権者や代理人に債務者の住居に立ち入らせることもできる。

⑹　債務者の占有する場所以外での執行

　子の引渡しの強制執行は、債務者の住居その他債務者の占有する場所以外で行うことも可能である。この場合、執行官が立ち入るには、執行場所を占有する者の同意が必要となる。ただし、子の住居が債務者の占有する場所以外である場合において、執行裁判所は、諸事情を考慮して、債権者の申立てにより、占有者の同意に代わる許可をすることができる。

⑺　債権者の出頭

　直接強制にあたって、債務者が子とともにいることは求められない。しかし、債権者または裁判所が適切と認める代理人が執行場所に出頭する必要がある。

⑻　子への配慮

　執行裁判所および執行官は、子の引渡しの直接強制において、できる限り、当該強制執行が子の心身に有害な影響を及ぼさないように配慮しなければならない。

2　改正後の手続の留意点

　子の引渡しの強制執行は、あくまで間接強制が原則であることに留意する必要がある。例外的に直ちに直接強制をすることができるかについてよく検討しなければならない。

　国内の子の引渡しの直接強制について、大まかには、従来運用によって行われてきたものと大きな変更はないといえるかもしれないが、直接強制を成功させるためには事前準備が非常に重要であり、債権者から十分な情報を提供し、執行裁判所（多くの場合、第一審裁判所である家庭裁判所）、執行官、執行官を監督する執行部の裁判所、家庭裁判所調査官らと協議をして、いつ、どこで執行を行うかを検討する必要がある。

　強制執行に至るまでの経緯やそれまでの監護状況等ケースバイケース

であろうが、債務者の住居における強制執行は、債務者が抵抗すると非
常に困難になるということは常に留意しておく必要がある。

Q39

ハーグ条約の仕組みとハーグ条約実施法について簡単に説明せよ。

A

　ハーグ条約は、正式には、「国際的な子の奪取の民事上の側面に関する条約」であり、1980 年に締結され、わが国との関係では、平成 26（2014）年 4 月 1 日に効力を発生している[1]。

　この条約は、国境を越えた子の不法な連れ去り等をめぐる紛争を防止し、その解決のために、締約国間で協力し、子を常居所地国である締約国に返還する手続を定めたものである。一方の親による子の不法な連れ去りは子の利益に反するもので、子の監護に関する紛争は、子が元々居住していた国（常居所地国）で解決されるのが望ましいとの考えに基づき、このように不法に連れ去られた子や不法に留置されている子を常居所地国に迅速に返還するような仕組みを整えている。このほか、条約は、一方の親と外国に所在する子が接触できなくなっている場合に面会交流を実現するようにするための仕組みも整えている。

　条約では、各国で「中央当局」を指定し、各中央当局は、他国の中央当局と協力し、また国内の権限ある当局の間の協力を促進するほか、子の返還および子との面会交流に関し、さまざまな援助を行うこととなっている。

　わが国においては、ハーグ条約の仕組みを国内で実施するため、法制度を整え、「国際的な子の奪取の民事上の側面に関する条約の実施に関する法律」（「ハーグ条約実施法」と呼ばれる）および関連する法令を制定した。わが国の中央当局は、外務省である。

---

1)　詳細については、金子修編集代表『一問一答　国際的な子の連れ去りへの制度的対応——ハーグ条約及び関連法規の解説』（商事法務、2015）等参照。

【解　説】

1　ハーグ条約とハーグ条約実施法

　ハーグ条約は、子が国境を越えて奪取されたときに、原則として子の常居所地国に子を返還することとしており、ハーグ条約実施法では、その手続について詳細な定めを置いている。

2　子の返還手続の概要

　子の返還についていえば、外国から日本に不法に連れ去られた子についての手続と、日本から外国に不法に連れ去られた子についての手続があるが、わが国での強制執行が問題となるのは前者の場合である。この場合、外国にいる親は、日本の中央当局に対し、外国返還援助の申請をすることができ（ハーグ条約実施法4条1項）、日本の中央当局は、一定の要件を満たしている場合には、外国返還援助の決定を行う（ハーグ条約実施法6条1項）。中央当局は、子の所在が不明であるときはその特定も行い、必要に応じて、当事者間の協議による解決の促進を図ったり、法律専門家や裁判手続の紹介等を行う。

　子を連れ去られた親（Left Behind Parent：LBP）は、家庭裁判所で、子を連れ去った親（Taking Parent：TP）に対し、子の常居所地国への返還の申立てを行う。管轄裁判所が限られており（「管轄集中」と呼ばれる）、子の住所地により、東京家庭裁判所または大阪家庭裁判所のいずれかとなる。

　家庭裁判所は、申立てから6週間以内に決定を出すことが期待されており、現在わが国の裁判所ではそのように運用されている。通常、第1回期日で争点整理を行い、第2回期日で当事者（多くの場合は双方の当事者）を尋問する。裁判所では、裁判の手続と並行して調停が試みられるのが一般的である。子の返還は、執行手続などを経ずに円満に行うこ

とが望ましく、当事者の合意に基づき子を返還できればそれがよいと考えられている。

　裁判所は原則として子を常居所地国に返還するが、「返還拒否事由」に該当する事由がある場合には、原則として返還しない。代表的なものとして、申立人が連れ去りの前や留置開始の前にこれに同意したか、連れ去り後や留置開始後にこれを承諾したこと（ハーグ条約実施法 28 条 1 項 3 号）、常居所地国に子を返還することによって、子の心身に害悪を及ぼすことその他子を耐え難い状況に置くこととなる重大な危険があること（同項 4 号）、子の年齢および発達の程度に照らして子の意見を考慮することが適当である場合において、子が常居所地国に返還されることを拒んでいること（同項 5 号）などである。なお、「重大な危険」の場合を除き、裁判所は、一切の事情を考慮して常居所地国に子を返還することが子の利益に資すると認めるときは、子の返還を命ずることができる（同項但書）。

3　子の返還の実現

　ハーグ条約実施法は、子の返還の強制執行について、民事執行法 171 条 1 項が定める代替執行（裁判所が第三者に子の返還を実施させる決定をする方法）によるほか、間接強制（法 172 条 1 項）により行うと定めている（ハーグ条約実施法 134 条）。その上で、旧法下では子の返還の代替執行の申立ては、間接強制決定が確定してから 2 週間を経過した後（当該決定において定められた債務を履行すべき一定の期間の経過がこれより後である場合はその期間を経過した後）でなければすることができないとされていた（改正前のハーグ条約実施法 136 条）。

　代替執行においては、執行官は、債務者による子の監護を解くために必要な行為として、「債務者に対し説得を行うほか」、債務者の住居への立入りや子の捜索等を行う（ハーグ条約実施法 140 条 1 項）。執行官は、子の監護を解くために必要な行為をするに際し抵抗を受けるときは、その抵抗を排除するために、威力を用い、または警察上の援助を求めるこ

とができる（改正前同条 4 項、現同条 2 項）。しかし、子に対して威力を
用いることはできず、子以外の者に対して威力を用いることが子の心身
に有害な影響を及ぼすおそれがある場合においては、当該子以外の者に
ついても威力を用いることができない（改正前同条 5 項、現同条 3 項）。
すなわち、債務者が子を抱きかかえて離さないような状況では、執行官
は力づくで子を引き離すようなことはできず、説得をすることができる
にとどまる。

4　出国禁止命令等

　子の返還申立事件が係属する家庭裁判所は、当事者が子を国外に出国
させるおそれがあるときは、一方の当事者の申立てにより、他方の当事
者に対し、子を出国させてはならないことを命ずることができる（出国
禁止命令、ハーグ条約実施法 122 条 1 項）。

5　ハーグ条約実施法施行後の検討

　Q32 で述べたとおり、ハーグ条約実施法は、国会承認に当たって両
院の法務委員会の附帯決議で「本法の施行後 3 年を目途として、本法の
施行の状況について検討を加え、その結果に基づいて必要な措置を講ず
ること。」としていた。平成 26（2014）年 4 月のハーグ条約実施法から
ちょうど 3 年が経過したころなされた「ハーグ条約の実施に関する外務
省領事局長主催研究会」は、平成 29（2017）年 4 月に「参加有識者によ
る議論のとりまとめ」を行い、条約を実施する上での運用上の問題点の
みならず、立法上の問題点も指摘した。これらについてつぎの Q40 で
述べる。

Q40

> ハーグ条約実施法に基づく子の返還の強制執行についてどのような問題があったか。これが改正法によりどのように変わったか。

A

> ハーグ条約実施法では、子の返還の強制執行について、いくつかの定めをおいていたが、特につぎの 3 点について問題があるとされていた。
> ①　どのような場合においても必ず間接強制を先に行わないと代替執行ができないこと
> ②　債務者による子の監護を解くために必要な行為を、原則として「債務者の占有する場所」において実施することとしていたこと
> ③　債務者による子の監護を解くために必要な行為を「子が債務者と共にいる場合」に限ってすることができることとしていたこと（「同時存在の原則」）
> 改正法においては、①間接強制を先に行わなくてもよい、例外的な場合が定められ、②債務者の占有する場所以外でも執行をすることができることとなり、③「子が債務者と共にいる場合」を要件とせず、債権者が現場に行くことを要件とすることとなった。

【解　説】

1　ハーグ条約実施法に基づく子の返還の強制執行──間接強制の位置づけ

(1)　改正前のハーグ条約実施法制定

　平成 26（2014）年 4 月 1 日施行のハーグ条約実施法制定の際には、わが国に子の引渡しの強制執行について一般的に定めた明文の規定がないこともあり、子の返還の強制執行をどのように規定するかが問題となった。ハーグ条約実施法について、平成 23（2011）年 7 月から法制審議会ハーグ条約（子の返還手続関係）部会（以下「法制審議会部会」または単に「部会」という）において検討が進められ、平成 24（2012）年 1 月にハー

グ条約実施法の要綱案がとりまとめられた。

　部会の審議過程において、国際的な子の返還の強制執行に関して、当初は、間接強制のみとする案も出されていたが、部会やパブリックコメントでの活発な議論の末、間接強制を先に申し立てることを義務付け、その後に、直接的な強制執行である代替執行を行うことができるようにした。また代替執行の際の執行官の義務や責務についての定めも置かれた。

(2)　間接強制──改正前

　LBP は、裁判所が子の返還を命じたときは、その強制執行として、間接強制の申立てをすることができる。子の返還申立事件の申立人（債権者）は、確定した子の返還を命ずる終局決定の正本を債務名義として（ハーグ条約実施法 134 条 2 項）、子の返還申立事件の第一審裁判所である家庭裁判所に間接強制の申立てをすることができる。

　間接強制の申立てがなされると、子の返還を命じられた者（債務者）の審尋を経た上で決定がされ（法 172 条 3 項）、申立てが認容される場合には、決定で子の返還に係る義務が明示され、その義務を履行しない場合に金銭を支払うべきことが命じられる（強制金決定）。間接強制金の支払がない場合には、強制金決定を債務名義として、財産の差押え等の金銭執行をすることが可能である。

　間接強制によっても子の返還の履行がされない場合には、その決定が確定した日から 2 週間を経過した後に、子の返還の代替執行の申立てをすることが可能になる（ハーグ条約実施法 136 条）。

(3)　間接強制──改正後

　改正前は、どのような場合であっても、必ず間接強制を先にやらなければならないこととなっていた。これは、間接強制が子に対する心理的負担が少ないと考えられたため、まずこれを先に行い、奏効しない場合に代替執行をしようとしたものである。

　しかし、最初に間接強制を行ったとき、実際には、債務者が返還に抵抗して手続を遅延させたり、不服申立てを重ねることで、間接強制決定

やさらにその確定まで長期間がかかり、代替執行の申立てをなかなか行うことができないという例もあった。そのように長期間かかっている間に子をめぐる事情が変更して、子の返還ができなくなることもありうる（ハーグ条約実施法 117 条は、子の返還を命ずる終局決定が確定した後に、事情の変更によりその決定を維持することを不当と認めるに至ったときは、裁判所は、当事者の申立てにより、その決定を変更することができるとする）こともあり、実効性ある強制執行まで長期間かかることが問題であると考えられた。

　そこで、民事執行法改正と同時期に、ハーグ条約実施法も改正し、間接強制の申立てをせずに、直ちに代替執行の申立てができる例外的な場合が定められた。具体的には、民事執行法 174 条と同様であるが、つぎの 2 つの場合である。

　「間接強制を実施しても、債務者が常居所地国に子を返還する見込みがあるとは認められないとき。」（ハーグ条約実施法 136 条 2 号）と

　「子の急迫の危険を防止するため直ちに子の返還の代替執行をする必要があるとき。」（同条 3 号）

　改正民事執行法について述べた（Q33）のと同様、申立人がこれらの要件に該当すると思料するが裁判所が異なる見解に立つことも懸念される場合には、代替執行の申立てをすると同時に、予備的に間接強制の申立ても行い、手続全体を迅速に行うよう工夫することが考えられる。

(4)　代替執行

　代替執行の申立ては、確定した子の返還を命ずる終局決定の正本を債務名義として（ハーグ条約実施法 134 条 2 項）、子の返還申立事件の第一審裁判所である家庭裁判所に対してすることとなっている。

　代替執行の申立てがされると、子の返還申立事件において子の返還を命じられた者（債務者）の審尋を経た上で決定がされる（法 171 条 3 項）。申立てが認容される場合には、子の解放実施を行う者として執行官が、子の返還実施を行う者として「返還実施者」が、それぞれ指定される。

　子の返還の代替執行の決定（授権決定）に基づいて子の返還を実施するためには、子の所在地を管轄する地方裁判所に所属する執行官に対し

て、解放実施の申立てをすることが必要である（執行官法2条1項本文、4条参照）。

2　同時存在の原則の撤廃

　改正前のハーグ条約実施法では、執行官が解放実施をすることができるのは、「子が債務者と共にいる場合」に限られていた（同法140条3項）。これは、強制執行が子の心身に与える負担を最小限にとどめる観点から、できる限り、債務者に自発的に子の監護を解かせ、子の返還に必要な協力をさせることが望ましいとの考え方に基づいていた。

　ハーグ条約実施法に基づく返還請求では、裁判所は、多くの場合調停の手続を同時に行い、当事者の合意に基づく解決ができないかを追求する。しかし、これができずに決定が出され、その後の間接強制にも応じることなく、代替執行に至っているような場合には、債務者が自発的に子の監護を解くというような事態はほとんど期待できない。むしろ、債務者は何としても執行を阻止しようとすることが多い。法制審議会の部会のころまで、ハーグ条約実施法に基づく代替執行は7件ほど試みられたが、成功したものはなかった。債務者としては、抵抗すれば執行不能になるとわかれば、抵抗することを考えるであろう。このような場合は、執行の現場も荒れたものになりうるため、子の心身にも大きな負担となりうる。前記のとおり、執行官は子に対する威力や、子がみているところでの威力を用いることができない（改正前の同法140条5項、現140条3項）ため、執行現場の債務者が抵抗した場合には、債務者の説得以外には有効な手段は考えにくい。

　ハーグ条約実施法施行後の経験から、「同時存在の原則」を貫くことは、一般的には、必ずしも子の心身に与える影響を最小限にするものではないと考えられ、これを改めることとなった。具体的には、「子が債務者と共にいる場合に限り」行えるとされていた子の監護を解くために必要な行為は、債権者（または代理人）が執行の場所に出頭した場合に限りすることができることとなった（ハーグ条約実施法140条で準用され

る法 175 条 5 項、6 項）。すなわち、債務者がいなくても子が不安になら
ないよう、債権者が現場にいなければならないこととなったものであ
る。

3　執行場所

改正前は、代替執行は、債務者の住居その他債務者の占有する場所に
おいて行うこととなっており、上記「同時存在の原則」もあるため、ほ
ぼ例外なく債務者の住居で代替執行が行われてきた。

しかし、「同時存在」が要求されなくなったため、執行場所の選択肢
は広がった。債務者が占有する場所以外に立ち入るためには、当該場所
の占有者の同意が必要であるが、これが子の住居である場合には、「債
務者と当該場所の占有者との関係、当該占有者の私生活又は業務に与え
る影響その他の事情を考慮して相当と認めるときは、債権者の申立てに
より、当該占有者の同意に代わる許可をすることができる」（法 175 条 3
項）。

これは、主として債務者の親（子の祖父母）の家を念頭においている
が、そのような場合には、事案を検討した上で、裁判所は、占有者の同
意に代わる許可をすることができ、占有者が反対してもその場所に立ち
入り、子を捜索するなどして、執行を行うことができる。

Q41

改正後のハーグ条約実施法において子の返還の強制執行の手続の流れ（まとめ）はどのようになっているか。留意点は何か。

A

改正後のハーグ条約実施法において、子の返還のための強制執行は、原則として間接強制を先に行うこととなっている。しかし、間接強制を実施しても、債務者が常居所地国に子を返還する見込みがあるとは認められないときまたは子の急迫の危険を防止するため直ちに子の返還の代替執行をする必要があるときには、間接強制を経ることなく直ちに子の返還の代替執行を行うことができる。これらは、国内の子の引渡しの規定と平仄を合わせたものである。また、債務者が子と共にいなければ執行できないとする「同時存在」も必要でなくなった。

【解　説】

ハーグ条約実施法において、子の返還の強制執行の規定は、今般の民事執行法改正と平仄を合わせる形で改正が行われた。

その結果、従来の間接強制前置の制度に例外が認められるようになり、また、債務者と子とが一緒にいるところでないと執行ができないという「同時存在」も求められないこととなり、代わりに、債権者または代理人が現場に行かなければならなくなった。

子の返還を命ずる決定までは特に変更はなく、もっぱら子の返還の強制執行に関する部分が改められた。具体的な手続の流れは、およそ以下のとおりである。

1　間接強制の申立て──原則

LBPは、子の返還を命ずる決定に基づき、TPに対し、子の返還を求める間接強制を行う。そのためには、第一審の裁判所に間接強制の申立

てを行う。そして、間接強制の申立てに対する決定が確定した日から2週間を経過したときに代替執行の申立てを行うことができることとなる。

2　例外的な代替執行の申立て

新たな制度においては、
① 　間接強制を実施しても、債務者が常居所地国に子を返還する見込みがあるとは認められないとき
または
② 　子の急迫の危険を防止するため直ちに子の返還の代替執行をする必要があるとき
には、LBP は、間接強制を経ることなく、直ちに執行裁判所に対して、代替執行の申立てをすることができる。

3　代替執行の申立ての仕組み

これは、特に変更はないが、まずＬＢＰは、執行裁判所に代替執行の申立てを行う。子の返還の代替執行の申立書には、返還実施者となるべき者（多くの場合は LBP）の氏名も記載する。申立ての後、TP（債務者）の審尋がなされ、申立てが認容される場合には、子の解放実施者と返還実施者が定められる。解放実施者は執行官である。これは、いったん子を TP から解放し、その子を常居所地国に返還するという2つの手続が必要であり、執行官は、解放実施の部分のみを担当することとなる。

執行官は、解放実施にあたって、一般的に威力を用いることができるものの、子に対して威力を用いることはできず、また子以外の者に対して威力を用いることが子の心身に有害な影響を及ぼすおそれがある場合においては、当該子以外の者についても威力を用いることができない。

なお、この関係では、ハーグ事案では、中央当局において児童心理専

門家を子の返還の代替執行に立ち会わせ子の利益に配慮させることができるようにしている（ハーグ条約実施法 142 条）。

4 人身保護請求

　ハーグ条約実施法に定めはないが、実施法に基づく強制執行不奏効の場合に、人身保護請求が用いられ、それによって子の返還ができた例もあった。最一小判平成 30 年 3 月 15 日民集 72 巻 1 号 17 頁は、国境を越えて日本への連れ去りをされた子の釈放を求める人身保護請求において、ハーグ条約実施法に基づき、拘束者に対して当該子を常居所地国に返還することを命ずる旨の終局決定が確定したにもかかわらず、拘束者がこれに従わないまま当該子を監護することにより拘束している場合には、その監護を解くことが著しく不当であると認められるような特段の事情のない限り、拘束者による当該子に対する拘束に顕著な違法性があるとした。

　なお、ハーグ事案では、外国に在住する者であっても、日本司法支援センターを利用することができる（ハーグ条約実施法 153 条）が、ハーグ条約実施法による強制執行が執行不能となり、人身保護請求を行う場合には、日本司法支援センターの法律扶助が得られることとなっている。

第 4 章

民事執行法のその他の見直し

Q42

債権執行に関する見直しがされたのはなぜか。

A

1　比較的少額の給与等の債権が差し押さえられる事案において、差押禁止債権の範囲の変更の制度が活用されない限り債務者が最低限度の生活を維持することが困難となり得るにもかかわらず、この制度の活用がされずほとんど機能していないとの指摘がされていたことから、その活用を図るための法整備がされることとなった。
2　債権執行事件の終了は差押債権者の協力に依存しており、他の民事執行事件と比べて事件終了に関する規律が不安定なため、長期間漫然と放置されている事件が多数発生していたことから、事件を終了するための規律を設けるための法整備がされることとなった。

【解　説】

1　はじめに

　民事執行法及び国際的な子の奪取の民事上の側面に関する条約の実施に関する法律の一部を改正する法律案要綱には、①差押禁止債権に関する規律の見直し（第一の五）および②債権執行事件の終了に関する見直し（第一の四）が掲げられている。以下、このような見直しがされるに至った経緯について説明する。

2　差押禁止債権の範囲の変更の制度の活用状況（前記1の①）

　民事執行法は、債務者が国および地方公共団体以外の者から生計を維持するために支給を受ける継続的給付を受ける債権（法152条1項1号）、

給料、賞与等の債権およびこれらの性質を有する給与に係る債権（同項
2号）、退職手当およびその性質を有する給与に係る債権（同条2項）に
ついては（以下、これらの債権を「給与等の債権」と総称する）、原則とし
て4分の3に相当する部分を差し押さえてはならない旨規定するととも
に、具体的な事案における不都合を避けるために、債務者または債権者
は、差押禁止債権の変更の申立てをすることができるものとし、執行裁
判所はこの申立てにより、債務者および債権者の生活の状況その他の事
情を考慮して、差押命令の全部もしくは一部を取り消し（債務者申立て
に対応するもの）、または差押えを禁止された債権の部分についての差押
命令を発付する（債権者申立てに対応するもの）ことができる旨規定して
いる（法153条）。

　このような規律に対しては、近時、比較的少額の給与等の債権が差し
押さえられる事案において、差押禁止債権の範囲の変更の制度が活用さ
れない限り債務者が最低限度の生活を維持することが困難となり得るに
もかかわらず、この制度が活用されずほとんど機能していない旨の指摘
がされていた[1]。そして、その原因として、①債務者の中には法的な知
識に乏しい者が多数含まれており、そもそもこの制度の存在が十分に認
知されていないとの指摘や、②金銭債権に対する債権執行事件において
は、債権差押命令が債務者に送達された日から1週間が経過すれば債権
者が第三債務者から直接その債権を取り立てることができる（法155条
1項本文）ところ、債務者が債権差押命令の送達の日から1週間以内に
範囲の変更の申立てをすることは事実上困難であるとの指摘がされてい
た。

　加えて、本改正においては、債務者の財産状況の調査に関する規定の
整備がされ、債権者の地位の強化が図られることとなったこととの均衡
上、債務者の保護策についても検討する必要があるとの指摘もあったこ
とから、上記①、②の指摘を踏まえて、差押禁止債権に関する規律が見

---

1)　範囲の変更の申立ての申立件数についての全国的な統計はないが、東京地方
　　裁判所民事執行センターにおける平成29年の同申立てに係る事件の既済件数は
　　16件であった。

直されることとなった。

3　債権執行事件の終了の規律と未済事件の滞留状況（前記 1 の②）

　債権執行事件では、通常、差押債権者が第三債務者から直接その債権を取り立てることにより換価・満足が行われている。改正前の民事執行法上は職権的に債権事件を終了させる方法はなく、このような取立てが行われる場面では、債権執行事件は、基本的に、差押債権者が差押債権の全部を取り立てた後その旨の届出（取立（完了）届。旧法 155 条 3 項（現行法同条 4 項）、規則 137 条）を提出した時または差押債権者が申立てを取り下げた時に終了することとなっていた。

　ところが、差押債権者が取立届の提出を怠ったことに対する制裁はない上、差押債権者において申立てを取り下げる義務もないことから、差押債権者が任意に取立届を提出するか申立てを取り下げない限り、事件は終了しないこととなってしまう。そのため、債権執行事件が終了しないまま滞留するという事態が生じている[2]。

　このように債権執行事件が終了しないまま滞留している状態の下では、第三債務者は長期にわたり差押えの拘束を受け続けることとなり大きな負担となっているとの指摘がされていた[3]。また、事件の進行および管理を担う執行裁判所においても、将来に向かって係属している事件の数が増え続けることになりかねないとの問題が指摘されていた。なお、このような滞留は、第三債務者に対し債権差押命令が送達され差押

[2]　平成 29 年の司法統計における債権執行事件の未済件数は、9 万 2,764 件であり、そのうち 3 万 5,118 件（約 38％）が申立てから 2 年以上経過したものであった。

[3]　銀行等の金融機関が第三債務者となる場合、差押えの対象となっている預貯金口座を通常の預貯金口座とは別に管理し、各支店の窓口やＡＴＭで預貯金を引き出せないようにする措置を講じなければならず、このような特別な口座管理には様々な事務的な負担が伴うとされる。もっとも、第三債務者はいわゆる権利供託（法 156 条 1 項）をすることにより、このような負担を回避することができるが、供託書の作成、提出等の供託に当たっての事務負担を伴うこととなる。

えの効力が発生した後、債務者への送達が奏功せず取立権が発生しない
まま推移する場合にも発生する。

　このような状況を踏まえて、本改正により、債権執行事件の終了に関
する規律が見直されることとなった。

Q43

債権執行に関してはどのような改正がされたのか。

A

1　債務者が差押禁止債権の範囲変更の申立ての制度を利用しやすくするために、裁判所書記官が、差押命令を送達するに際し、範囲変更の申立てをすることができる旨等を教示しなければならないこととするとともに、取立権の発生時期等を債務者に対して差押命令が送達された日から4週間を経過したときとして、範囲変更の申立ての準備期間を確保することとした。

2(1)　差押債権者は、差押えに係る金銭債権を取り立てることができることとなった日からその支払を受けることなく2年を経過したときは、その旨を執行裁判所に届け出なければならないこととし、その日から2年を経過した後4週間以内に届出がされないときは、執行裁判所は、職権で差押命令を取り消すことができることとした。

(2)　債務者に対する差押命令の送達をすることができない場合に、執行裁判所が、職権で差押命令を取り消すことができる仕組みを設けた。

【解　説】

1　差押禁止債権に関する規律の見直しについて

債務者において、差押禁止債権の範囲の変更（債権差押命令の全部または一部の取消し）の申立ての機会を確保し、もって、範囲の変更の制度を実効化し債務者の保護を図るために、以下のような改正がされた。

(1)　手続の教示に関する規定の新設

裁判所書記官は、債権差押命令を送達するに際し、債務者に対し、差押禁止範囲の変更（差押命令の全部または一部の取消し）の申立てをする

ことができる旨その他最高裁判所規則で定める事項を教示しなければならないとの規定が新設された（法145条4項）。そして、同項の個別委任を受けて、民事執行規則において、上記の教示は書面でしなければならないことおよび差押命令の取消しの申立てに係る手続の内容を教示すべき事項とする旨が定められた（規則133条の2）。

(2) 取立権の発生時期等の見直し

差し押さえられた金銭債権が、給与等の債権（法152条1項、2項）である場合には、原則として、債権者がその債権を取り立てることができるようになる時期（取立権の発生時期）を他の債権の場合よりも後ろ倒しし、債務者に対して差押命令が送達された日から4週間を経過したときとする旨の特則を新設した（法155条2項）[1]。

2 債権執行事件の終了に関する見直しについて

差押債権者による取立てや申立ての取下げがされないまま、長期間にわたり債権執行事件が滞留することにより生ずる第三債務者の債権管理の負担等を解消するため、以下のような法改正がされた。

(1) 取立ての届出等がされない場面における規律

債権執行事件において、改正前から存在していた取立届に加えて、差押債権者は、差押えに係る金銭債権を取り立てることができることとなった日からその支払を受けることなく2年を経過したときは、その旨を執行裁判所に届け出なければならず（法155条5項）、その日から2年を経過した後4週間以内にこれらの届出がされないときは、執行裁判所が、職権で差押命令を取り消すことができる旨の規定を新設した（同条6項）。また、民事執行規則において、支払を受けていない旨の届出の

---

1) 併せて、転付命令、譲渡命令等、配当等の実施に関する規律についても同様の規定を新設した（法159条6項、161条5項、166条3項）。

方式が定められるとともに（規則 137 条の 2）、執行裁判所が上記の取消決定をするに当たり、裁判所書記官が、あらかじめ、差押債権者に対し、一部取立届[2] または支払を受けていない旨の届出をしないときは差押命令が取り消されることとなる旨を通知するものとする旨の規定が新設された（規則 137 条の 3）。

　なお、差押債権者がこの取消決定の告知を受けてから 1 週間の不変期間内に一部取立届または支払を受けていない旨の届出を提出すれば、この取消決定はその効力を失う（法 155 条 7 項）。

(2)　債務者への差押命令の送達がされない場面における規律

　債務者に対する差押命令の送達をすることができない場合に、執行裁判所は、差押債権者に対し、相当の期間を定め、その期間内に送達すべき場所の申出または公示送達の申立てをすべきことを命ずることができ（法 145 条 7 項）、差押債権者がその期間内に上記の申出および申立てをしないときは、執行裁判所は、職権で差押命令を取り消すことができる旨の規定（同条 8 項）を新設した。

　この取消決定に対しては、決定の告知の日から 1 週間の不変期間内に執行抗告をすることができる（法 10 条 2 項、12 条）。なお、この取消決定は、確定しなければ効力を生じない（同条 2 項）。

---

2)　債権の全部の取立届が提出されれば債権執行事件は終了するので、差押命令の取消しを回避するための取立届は、債権の一部を取り立てた旨の届出に限られることになる（法 155 条 7 項のかっこ書参照）。

Q44

差押債権者の取立権の発生時期、転付命令および譲渡命令等の効力発生時期ならびに配当等の実施可能時期について、どのように変更されたか。

A

差し押さえられた金銭債権が給与等の債権（法152条1項、2項）である場合には、原則として、取立権の発生時期を債務者に対して差押命令が送達された日から4週間を経過したときと、転付命令および譲渡命令等の効力発生時期を転付命令または譲渡命令等が確定し、かつ、債務者に対して差押命令が送達された日から4週間を経過したときと、配当等の実施可能時期を債務者に対して差押命令が送達された日から4週間を経過したときと、いずれも後ろ倒しに変更された。

【解　説】

1　取立権の発生時期について

債権執行における差押債権者の第三債務者に対する直接の取立権は、原則として、債務者に対して差押命令が送達された日から1週間を経過したときに発生する。これは、差押命令に対しては執行抗告が認められ（旧法145条5項（現行法同条6項））、その抗告期間は差押命令送達後1週間とされていること（法10条2項）を受けて、取立ての圧力から免れた状態で差押命令に対する執行抗告の提起につき検討する余地を債務者に与える趣旨と解される[1]。

しかし、債務者が債権差押命令の送達の日から1週間のうちに差押債

---

1)　鈴木忠一＝三ヶ月章『注解民事執行法(4)』（第一法規、1985）558頁〔三ヶ月章〕。

権の範囲の変更の申立てをすることは事実上困難であるとの指摘がされていた。

　そこで、現行法は、比較的少額であることが多い給与等の債権が差押債権となる場合には、原則として、債権者による取立権の発生時期を債務者に対して差押命令が送達された日から4週間を経過したときと後ろ倒しにする旨規定し（法155条2項）、給与等の債権を差し押さえられた債務者が差押禁止債権の範囲の変更の申立てをするための機会を確保することとした。

　もっとも、差押債権者の債務者に対する請求債権が扶養義務等に係る債権（法151条の2第1項各号）であるときには、その権利実現が債権者の生計維持に不可欠なものであり、速やかにその実現を図る必要性が大きい一方、扶養義務等に係る金銭債権の額の算定に当たっては、債権者の必要生計費、債務者の資力等、差押債権の範囲の変更の審理において考慮すべき事項がすでに考慮されていると考えられる。そこで、請求債権に扶養義務等に係る債権が含まれているときには、法155条1項の原則に戻り、債務者への送達がされた日から1週間を経過したときに取立権が発生することとしている（同条2項かっこ書）。なお、同項かっこ書の「差押債権者の債権に第151条の2第1項各号に掲げる義務に係る金銭債権が含まれているとき」との文言上、差押命令に係る請求債権のうちに扶養義務等に係る金銭債権とそれ以外の一般の金銭債権の双方が含まれている場合には、一般の金銭債権に基づく差押えに対応する部分も含め、当該請求債権全部についての取立権の発生時期が、債務者に対して差押命令が送達された日から1週間が経過した時になる[2]。

2　転付命令、譲渡命令等の効力発生時期について

　差し押さえられた金銭債権の「換価」方法としては、転付命令（法159条1項）ならびに譲渡命令、売却命令、管理命令その他相当な方法

[2]　内野ほか(5)34頁以下。

による換価を命ずる命令（法 161 条 1 項。以下、これらを同条の見出しにならい、「譲渡命令等」と総称する）がある。改正前の転付命令および譲渡命令等の効力の発生時期は、いずれも執行抗告ができる（法 159 条 4 項、161 条 3 項）ことを前提に、当該命令の確定後とされていた（法 159 条 5 項、161 条 4 項）が、差押債権が給与等の債権である場合に原則として取立権の発生を後ろ倒しにしたこと（法 155 条 2 項）との均衡上、転付命令および譲渡命令等についても、その効力の発生時期を見直す必要がある。すなわち、転付命令または譲渡命令等が確定した時点で債務者に対して差押命令が送達された日から 4 週間が経過していない場合にその効力の発生を認めると、取立権の発生時期が債務者に対して差押命令が送達された日から 4 週間を経過したときとされていることと不均衡が生ずることとなる。そこで、現行法は、差し押さえられた金銭債権が給与等の債権である場合においては、差押債権者の請求債権に扶養義務等に係る債権が含まれているときを除き、転付命令および譲渡命令等の効力発生時期を、転付命令または譲渡命令等が確定し、かつ、債務者に対し差押命令が送達された日から 4 週間を経過した時と後ろ倒しにする旨の規定を設けている（法 159 条 6 項、161 条 5 項）。

3　配当等の実施可能時期について

　債権差押命令を受けて第三債務者が供託したとき（法 156 条）は、配当等（配当または弁済金の交付）が行われることとなる（法 166 条 1 項 1 号）。配当等の実施時期について改正前の民事執行法には明文の規定はなかったが、改正前の民事執行規則上、債権執行事件における配当期日等（配当期日または弁済金交付の日）は、原則として、配当等を実施すべきこととなった日、すなわち供託がされた日から 1 月以内の日としなければならないと定められていた（規則 145 条、59 条 2 項）。

　もっとも、法 155 条 2 項により取立権の発生時期を後ろ倒しとしたことの均衡上、差押債権が給与等の債権である場合には、差押債権者（数人あるときは少なくとも 1 人以上）の請求債権に扶養義務等に係る債権が

含まれているときを除き、配当等の実施可能時期を債務者に対して差押
命令が送達されてから 4 週間を経過したときとする必要がある。

　そこで、同旨の規定が新設される（法 166 条 3 項）とともに、配当期
日等の指定についても、差押債権が給与等の債権である場合には、差押
債権者（数人あるときは少なくとも 1 人以上）の請求債権に扶養義務等に
係る債権が含まれているときを除き、請求債権が配当等を実施すべきこ
ととなった日または債務者に対して差押命令が送達された日から 4 週間
を経過した日のいずれか遅い日から 1 月以内の日としなければならない
ものとされた（規則 145 条、59 条 2 項）。

4　少額訴訟債権執行についての規律

　少額訴訟債権執行においても、前記 1 の規律および弁済金交付につい
ての前記 2 の規律が準用される（法 167 条の 14 第 1 項、167 条の 11 第 7
項。なお規則 149 条の 6 第 2 項参照）。

　なお、少額訴訟債権執行において、転付命令、譲渡命令等によって換
価される場合や第三債務者の供託に基づき配当を実施すべき場合等に
は、通常の債権執行の手続に移行されるため、前記 2、3 の規律が適用
されることとなる（法 167 条の 10、167 条の 11 第 1 項、2 項、4 項、5 項、
7 項）。

Q45

　裁判所書記官は、債権差押命令の送達に際し、債務者に対し、どのような教示義務を負うこととなったか。

A

　裁判所書記官は、書面により、差押禁止債権の範囲の変更の規定（法153条1項、2項）による差押命令の取消しの申立てをすることができる旨およびその申立てに係る手続の内容について教示義務を負う（法145条4項、規則133条の2）

【解　説】

1　手続の教示に関する規定の新設

　債務者の中には法的な知識に乏しい者が多数含まれており、差押禁止債権の範囲の変更の制度の存在が十分に認知されていないとの指摘に対応して、債務者に対する同制度の周知を図るため、現行法では、差押命令の送達に際し、裁判所書記官が、債務者に対し、最高裁判所規則で定めるところにより、差押禁止債権の範囲の変更（差押命令の全部または一部の取消し）の申立てをすることができる旨その他最高裁判所規則で定める事項を教示しなければならない旨定められた（法145条4項）[1]。

---

1)　教示すべき場合は、差押債権が給与等の債権である場合に限られるものではないものとされている。これは、差押禁止債権の給付が債務者の銀行預金口座に振り込まれたときは、差押禁止債権としての属性を失い差し押さえることができることとなる一方で、差押禁止債権の範囲の変更によって、差押命令が取り消される余地があることを考慮してのものであると考えられる。なお、東京高決平成4年2月5日判タ788号270頁参照。

2　債務者に対する教示の方式および内容

　法 145 条 4 項は、債務者に対する教示の方式および内容を最高裁判所規則に委任している。

　これを受けて、規則において、教示の方式については、書面でしなければならないものと定められた（規則 133 条の 2 第 1 項）。具体的には、債務者に対して差押命令を送達する際に、教示内容が記載された書面を同封することが想定されている[2]。

　教示の内容については、法 145 条 4 項が定める差押禁止の範囲の変更（差押命令の取消し）の申立てをすることができる旨のほか、上記の申立てに係る手続の内容を教示することとしている（規則 133 条の 2 第 2 項）。具体的な教示内容としては、申立てをすべき裁判所、申立てをすべき時期および申立ての方法（申立書と併せて提出すべき書類等）、問合せ先（上記の裁判所の連絡先）といったものが考えられる。

　なお、教示書面には、同項の定めるところではないが、債権執行の仕組みや取立権の発生時期などについての説明が併せて記載されることもあろう。

3　準用される場合

　手続の教示に関する規律は、少額訴訟債権執行の差押処分、電子記録債権執行、債権およびその他の財産権に対する仮差押えの執行、電子記録債権に関する仮差押えの執行に準用される（法 167 条の 5 第 2 項、規則 150 条、150 条の 10 第 11 項、民保法 50 条 5 項、民事保全規則 41 条 2 項、42 条の 2 第 2 項）。

---

　2)　差押えの効力は、差押命令が第三債務者に送達された時に生ずる（法 145 条
　　5 項）から、仮に、債務者に対する教示を欠いたとしても、差押命令の効力自
　　体に影響はないと考えられる。

Q46

差押債権者に取立権が発生した後、債権差押命令が取り消される
のはどのような場合か。

A

差押債権者が金銭債権を取り立てることができることとなった日または
最後に債権の一部の取立届もしくは支払を受けていない旨の届出を提出し
た日から２年を経過した後４週間以内に上記いずれかの届出を提出しな
いとき、執行裁判所は、債権差押命令を取り消すことができる（法155
条６項）。

【解　説】

1　支払を受けていない旨の届出の提出（法155条５項、規則137条の２）

従前から、差押債権者は、第三債務者から支払を受けたときは、直ち
にその旨を執行裁判所に届け出なければならないこととされていた（取
立届。旧法155条３項（現行法同条４項）。その様式につき規則137条）。
もっとも、取立届の提出を怠った場合における制裁規定はない（この点
は、改正前後で異なるものではない）。

このような規律に加えて、法155条５項において、差押債権者は、差
押えに係る金銭債権を取り立てることができることとなった日から、第
三債務者からの支払を受けることなく２年を経過したときは、その旨を
執行裁判所に届け出なければならないこととされた[1]。また、同項は、
差押債権者がこの届出をした場合であっても、最後にその届出をした日
から第三債務者からの支払を受けることなく２年を経過したときは、執

---

1)　差押債権に期限が付されているなどの理由により直ちにはその取立権が行使
　できない事情があっても、起算点が変わるものではない。

行裁判所に同様の届出をしなければならないと定めている（同項かっこ書参照）。なお、差押債権者が上記の2年を経過する前に執行裁判所に第三債務者からの支払を受けていない旨の届出をした場合、その時から第三債務者からの支払を受けることなく2年を経過したときは、同様の届出をしなければならないとされている（同条8項、5項）。すなわち、差押債権者は、差押債権を取り立てることができることとなった日から少なくとも2年ごとに、執行裁判所に対し、第三債務者からの支払の有無について届出をしなければならないこととなる。

　支払を受けていない旨の届出は、取立届と同様、書面でしなければならない（規則137条の2第1項柱書）。その書面には、事件の表示（裁判所名[2]および事件番号）ならびに債務者および第三債務者の氏名または名称を記載するとともに（同項1号、2号）、第三債務者から支払を受けていない旨を記載しなければならない（同項3号）。また、差押債権者は、この届出に第三債務者から支払を受けていない理由[3]を記載するものとされている（同条2項）。これは届出の必要的記載事項ではないから、理由の記載を欠いたとしても届出が無効となるものではないが、差押債権者にとっては自らの債権管理に資する情報であり、記載を励行することが期待される。

2　差押命令の取消しおよびその予告（規則137条の3）

　差押債権者が差押債権を取り立てることができることとなった日から2年を経過した後4週間以内に取立届または第三債務者から支払を受けていない旨の届出をしない場合には、執行裁判所は、差押命令を取り消すことができるとされており（法155条6項）、法律上は、差押命令の取消しに先立ち、差押債権者に対し、特段の通知をすることは求められて

---

2) 届出の宛先として別途執行裁判所が記載されていれば、その記載で足りる。
3) 差押債権の期限未到来、第三債務者の抗弁主張等を記載することが考えられる。

いない[4]）。

　しかしながら、差押債権者がこれらの届出の提出を失念していることもあると考えられることから、裁判所書記官が、事前に注意喚起の趣旨で、これらの届出の提出を促すことが相当である。そこで、執行裁判所が差押命令を取り消すに当たっては、裁判所書記官が、あらかじめ、差押債権者に対し、これらの届出をしないときは差押命令が取り消されることになる旨を通知することとされた（規則137条の3）。この通知は、電話等の相当と認める方法によることができ、差押債権者の所在が明らかでないときや外国にいるときには通知を要しないとされる（規則3条1項、民事訴訟規則4条1項、5項）。

3　準用される場合

　なお、この規律およびQ47の救済等に関する規律は、少額訴訟債権執行、振替社債等執行および電子記録債権執行に準用される（法167条の14第1項、規則150条、150条の5第4項、150条の15第1項）。

　4）　法制審議会民事執行法部会においては、手続保障の観点から、事前の通知ないし予告を義務付けるべきではないかとの指摘もされたが、取消決定の告知を受けてから1週間の不変期間内に支払の有無についての届出をしたときは、当該決定はその効力を失うとされたこと（改正法155条7項）に照らし、事前の通知ないし予告は取消決定の要件とは整理されなかった。

Q47

差押債権者が債権の一部の取立届または支払を受けていない旨の届出を執行裁判所に提出するのを失念していた結果、債権差押命令が取り消された場合に、差押債権者が救済される手段があるか。

A

差押債権者は、法 155 条 6 項に基づく差押命令の取消決定の告知を受けてから 1 週間の不変期間内に、債権の一部の取立届または支払を受けていない旨の届出を提出することにより、取消決定の効力を失わせることができる（同条 7 項）

〔解　説〕

1　債権者の失念を事前に回避するための措置（規則 137 条の 3）

差押債権者が差押債権を取り立てることができることとなった日から 2 年を経過した後 4 週間以内に取立届（法 155 条 4 項）または第三債務者から支払を受けていない旨の届出（同条 5 項）をしない場合には、執行裁判所は、差押命令を取り消すことができるとされている（同条 6 項）。

もっとも、差押債権者がこれらの届出の提出を失念していることもあると考えられることから、執行裁判所が差押命令を取り消すに当たっては、裁判所書記官が、あらかじめ、差押債権者に対し、これらの届出をしないときは差押命令が取り消されることになる旨を通知することとされた（規則 137 条の 3）。

ただし、この通知がされても、差押債権者が届出を失念することがあり得ないわけではない。また、この通知は、取消決定の要件ではなく、仮に裁判所書記官が通知を失念したとしても、取消決定の効力には影響しないから、取消決定がされた後の救済策を設ける必要がある。

2 事後の救済策（法155条7項）

　民事執行法上、差押命令の取消決定に対しては、決定の告知を受けた日から1週間の不変期間内に執行抗告をすることができ（法10条2項、12条1項）、また、この取消決定は、確定しなければ効力を生じない（同条2項）。したがって、法155条6項に基づく取消決定も、差押債権者に告知されてから1週間を経過するまでは効力が発生しておらず、差押命令の効力は存続していることになる。そして、取消決定が未確定の時点で差押債権者が債権の一部の取立届または第三者から支払を受けていない旨の届出を提出すれば、債権執行事件の継続を希望する差押債権者の意思は容易に推認できる。

　そこで、現行法では、上記の取消決定により差押命令が取り消された場合でも、差押債権者がその決定の告知を受けてから1週間の不変期間内（執行抗告期間と同一である）に債権の一部の取立届または第三者から支払を受けていない旨の届出を提出したときは、当該取消決定はその効力を失うこととして（法155条7項）、執行抗告よりも簡易な方法で取消決定の効力を争うことができるものとされている。

Q48

　債務者に対し債権差押命令を送達することができない場合に、債権差押命令が取り消されることがあるのか。

A

　債務者に対する差押命令の送達をすることができない場合、執行裁判所は、差押債権者に対し、相当の期間を定め、その期間内に債務者の住所、居所その他差押命令の送達をすべき場所の申出（または公示送達の申立て）をすべきことを命ずることができ（法 145 条 7 項）、差押債権者が上記の申出（または公示送達の申立て）をしないときは、債権差押命令を取り消すことができる（同条 8 項）。

〔解　説〕

1　債務者への差押命令の送達がされない場合における規律（法 145 条 7 項）

　債権差押命令が第三債務者に送達され、差押えの効力は発生したものの（旧法 145 条 4 項（現行法同条 5 項））、債務者に送達されない場合には、差押債権者において債務者の住所等を調査して、執行裁判所に送達すべき場所を申し出るのが通常である。もっとも、差押金額が些少であるなどの理由により、差押債権者が所在調査をする意欲を失うことも想定される。このような場合、債権執行事件が長期間滞留することになりかねない。

　このように債務者に対し債権差押命令が送達できない場合、民事執行法 20 条が準用する民事訴訟法 138 条、137 条により、差押命令を取り消すことができるかは必ずしも明確ではない[1]。

　そこで、現行法は、債務者に対する差押命令の送達をすることができない場合に、執行裁判所が差押債権者に対し、相当な期間を定め、その期間内に債務者の住所、居所その他差押命令の送達をすべき場所の申出

（または公示送達の申立て）をすべきことを命ずることができるとした上で（法 145 条 7 項）、差押債権者が上記の申出（または公示送達の申立て）をしないときは、執行裁判所は、差押命令を取り消すことができるとして（同条 8 項）、規律を明確化した[2]。

なお、この取消決定に対しては、執行抗告ができ（法 10 条 2 項、12 条 1 項）、確定するまで取消しの効力は生じない（同条 2 項）。

2　具体的な運用

法 145 条 7 項、8 項の具体的な運用は、民事訴訟手続において被告に訴状を送達することができなかった場合と同様に取り扱われることになると考えられる。すなわち、実務上は、補正命令に先立ち、裁判所書記官が差押債権者に対し、事務連絡により、債務者の住所等の調査を促し、差押債権者がこの促しに応じない場合に、同条 7 項の命令を経て、同条 8 項に取消決定に至るものと想定される。

3　準用される場合

なお、この取消しの規律は、少額訴訟債権執行、振替社債等執行および電子記録債権執行に準用される（法 167 条の 5 第 2 項、規則 150 条の 3 第 8 項、150 条の 10 第 11 項）。

---

1)　担保不動産競売事件につき、債務者兼所有者に競売開始決定正本が送達できない場合において、申立債権者が債務者兼所有者の住所に関する補正命令に応じなかったことを理由に競売開始決定を取り消したものとして、東京地決平成 3 年 11 月 7 日（2 件）判タ 769 号 246 頁がある。

2)　法 145 条 7 項、8 項が設けられたことに伴い、同様の規定を欠く不動産執行事件につき、前掲注 1) の裁判例のように、競売開始決定を取り消すことができるかが問題となるが、法 145 条 7 項、8 項の規定はあくまで規律を明確化したものであって、民事執行法 20 条が準用する民事訴訟法 138 条、137 条に基づく取消決定の可能性を排除したものではないと解される。

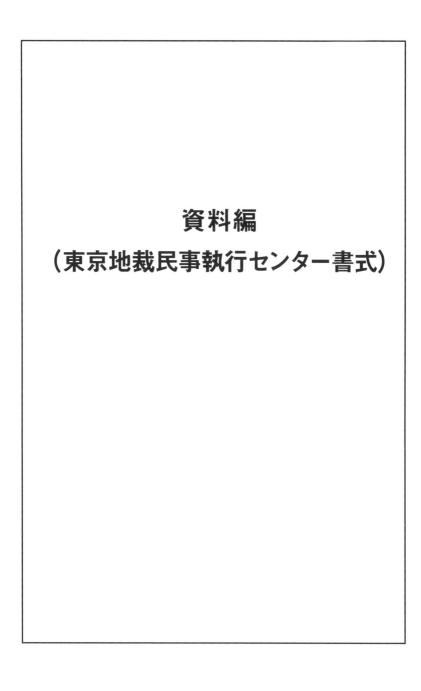

資料編
（東京地裁民事執行センター書式）

（第三者からの情報取得手続申立書（債務名義・不動産））
法205条1項1号，規則187条，189条

第三者からの情報取得手続申立書（不動産）

東京地方裁判所民事第21部御中

    令和　　年　　月　　日

        申立人

                                   印

              電　話　　　－　　　　－
              ＦＡＸ　　　－　　　　－
                    （担当　　　　）

        当事者　　　　　別紙当事者目録記載のとおり
        請求債権　　　　別紙請求債権目録記載のとおり

　申立人は，債務者に対し，別紙請求債権目録記載の執行力のある債務名義の正本に記載された請求債権を有しているが，債務者がその支払をせず，下記の要件に該当するので，第三者に対し債務者の不動産に係る情報（民事執行法205条1項）の提供を命じるよう求める。
　ただし，○○○○に所在する土地等に限る。

記

1　民事執行法197条1項の要件（該当する□に✔を記入してください。）
　□　強制執行又は担保権の実行における配当等の手続（本件申立ての日より6月以上前に終了したものを除く。）において，金銭債権の完全な弁済を得ることができなかった（1号）。
　□　知れている財産に対する強制執行を実施しても，金銭債権の完全な弁済を得られない（2号）。
2　民事執行法205条2項の要件
　□　財産開示事件の事件番号
　　　　　　　　地方裁判所　　　　平成・令和　　年（財チ）第　　　　号
　□　財産開示期日　平成・令和　　年　　月　　日

（添付書類）（該当する□に✔を記入してください。）
　□　執行力のある債務名義の正本　　　　通
　□　同送達証明書　　　　　　　　　　　通
　□　同確定証明書　　　　　　　　　　　通
　□　資格証明書　　　　　　　　　　　　通
　□　住民票　　　　　　　　　　　　　　通
　□　　　　　　　　　　　　　　　　　　通
　□　　　　　　　　　　　　　　　　　　通

（第三者からの情報取得手続申立書（債務名義・不動産））
法２０５条１項１号，規則１８７条，１８９条

（証拠書類）（該当する□に✔を記入してください。）
 1　民事執行法１９７条１項１号の主張をする場合
 （同号の証明資料）
　　□　配当表写し
　　□　弁済金交付計算書写し
　　□　不動産競売開始決定写し
　　□　債権差押命令写し
　　□　配当期日呼出状写し
　　□
　　□
 （民事執行法２０５条２項の証明資料）
　　□　財産開示期日が実施されたことの証明書
　　□　財産開示期日調書写し
　　□　財産開示手続実施決定写し
　　□
　　□
 2　民事執行法１９７条１項２号の主張をする場合
 （同号の疎明資料）
　　□　財産調査結果報告書及び添付資料
　　□
　　□
 （民事執行法２０５条２項の証明資料）
　　□　財産調査結果報告書添付資料のとおり
　　□　財産開示期日が実施されたことの証明書
　　□　財産開示期日調書写し
　　□　財産開示手続実施決定写し
　　□
　　□

資料編

（第三者からの情報取得手続申立書（債務名義・不動産））
法205条1項1号，規則187条，189条

当　事　者　目　録

〒１００－０００１　東京都千代田区霞が関○丁目○番○号（送達場所）

申　立　人　　○○商事株式会社

代表者代表取締役　　甲　野　太　郎

電話番号　○○－○○○○－○○○○

ＦＡＸ　○○－○○○○－○○○○

〒○○○－○○○○　　○○○○○○○○○○○○

第　三　者　○　○　○　○

〒１５３－０００１　東京都目黒区目黒本町○丁目○番○号

（債務名義上の住所）東京都大田区西糀谷○丁目○番○号

債　務　者　乙　野　次　郎

《債務者の特定に資する事項》

☐　氏名又は名称の振り仮名　　○○○○

☐　生年月日　　　　　　　　昭和○○年○○月○○日

☐　性別　　　　　　　　　　○性

☐　旧住所　　　　　　　　　東京都○○区○○町○丁目○番○号

☐　旧姓　　　　　　　　　　○○○○

（第三者からの情報取得手続申立書（債務名義・不動産））
法205条1項1号，規則187条，189条

請　求　債　権　目　録

　東京地方裁判所令和○○年(ワ)第○○○○○号貸金返還請求事件の執行力のある
判決正本に表示された下記債権

1　元　本　　　　金200万円

　　ただし，主文第1項に記載された元金300万円の残金

2　損害金

　　ただし，上記1に対する令和○○年○月○日から支払済みまで年○○パーセン
　トの割合による損害金

（第三者からの情報取得手続申立書（一般先取特権・不動産））
法２０５条１項２号，規則１８７条，１８９条

第三者からの情報取得手続申立書（一般先取特権・不動産）

東京地方裁判所民事第２１部御中

　　　令和　　年　　月　　日

　　　　　申立人

　　　　　　　　　　　　　　　　　　　　　　　　印
　　　　　　　　　電　話　　－　　　　－
　　　　　　　　　ＦＡＸ　　－　　　　－
　　　　　　　　　　　　（担当　　　　）

　　　　　当事者　　　　別紙当事者目録記載のとおり

　　　　　担保権　　　┐別紙担保権・被担保債権・請求債権
　　　　　被担保債権　├目録記載のとおり
　　　　　請求債権　　┘

　申立人は，債務者に対し，別紙担保権・被担保債権・請求債権目録記載の債権を有しているが，債務者がその支払をせず，下記の要件に該当するので，別紙担保権・被担保債権・請求債権目録記載の一般先取特権に基づき，第三者に対し債務者の不動産に係る情報（民事執行法２０５条１項）の提供を命じるよう求める。
　ただし，○○○○に所在する土地等に限る。
記

１　民事執行法１９７条２項の要件（該当する□に✔を記入してください。）
　□　強制執行又は担保権の実行における配当等の手続（本件申立ての日より６月以上前に終了したものを除く。）において，被担保権の完全な弁済を得ることができなかった（１号）。
　□　知れている財産に対する強制執行を実施しても，被担保権の完全な弁済を得られない（２号）。
２　民事執行法２０５条２項の要件
　□　財産開示事件の事件番号
　　　　　地方裁判所　　　　平成・令和　　年（財チ）第　　　　号
　□　財産開示期日　平成・令和　　年　　月　　日

（添付書類）（該当する□に✔を記入してください。）
　□　証拠説明書　　　　　　　　　通
　□　資格証明書　　　　　　　　　通
　□　住民票　　　　　　　　　　　通
　□　　　　　　　　　　　　　　　通

236

（第三者からの情報取得手続申立書（一般先取特権・不動産））
法２０５条１項２号，規則１８７条，１８９条

（証拠書類）（該当する□に✔を記入してください。）
　1　一般先取特権を有することを証する文書
　　　□　雇用契約書　　　　　　　　　　　　甲第　　号証
　　　□　給与明細書　　　　　　　　　　　　甲第　　号証
　　　□　出勤簿写し　　　　　　　　　　　　甲第　　号証
　　　□　就業規則　　　　　　　　　　　　　甲第　　号証
　　　□　陳述書　　　　　　　　　　　　　　甲第　　号証
　　　□　　　　　　　　　　　　　　　　　　甲第　　号証
　2　民事執行法１９７条２項１号の主張をする場合
　（同号の証明資料）
　　　□　配当表写し　　　　　　　　　　　　甲第　　号証
　　　□　弁済金交付計算書写し　　　　　　　甲第　　号証
　　　□　不動産競売開始決定写し　　　　　　甲第　　号証
　　　□　債権差押命令写し　　　　　　　　　甲第　　号証
　　　□　配当期日呼出状写し　　　　　　　　甲第　　号証
　　　□　　　　　　　　　　　　　　　　　　甲第　　号証
　（民事執行法２０５条２項の証明資料）
　　　□　財産開示期日が実施されたことの証明書　甲第　　号証
　　　□　財産開示期日調書写し　　　　　　　甲第　　号証
　　　□　財産開示手続実施決定写し　　　　　甲第　　号証
　　　□　　　　　　　　　　　　　　　　　　甲第　　号証
　3　民事執行法１９７条２項２号の主張をする場合
　（同号の疎明資料）
　　　□　財産調査結果報告書及び添付資料　　甲第　　号証〜甲第　　号証
　　　□
　（民事執行法２０５条２項の証明資料）
　　　□　財産調査結果報告書添付資料のとおり　甲第　　号証
　　　□　財産開示期日が実施されたことの証明書　甲第　　号証
　　　□　財産開示期日調書写し　　　　　　　甲第　　号証
　　　□　財産開示手続実施決定写し　　　　　甲第　　号証
　　　□

（第三者からの情報取得手続申立書（一般先取特権・不動産））
法２０５条１項２号，規則１８７条，１８９条

当　事　者　目　録

〒１００－０００１　東京都千代田区霞が関〇丁目〇番〇号（送達場所）

申　立　人　甲　野　太　郎

電話番号　〇〇－〇〇〇〇－〇〇〇〇

ＦＡＸ　〇〇－〇〇〇〇－〇〇〇〇

〒〇〇〇－〇〇〇〇　　　〇〇〇〇〇〇〇〇〇〇〇〇

第　三　者　〇　〇　〇　〇

〒１００－０００１　東京都目黒区目黒本町〇丁目〇番〇号

債　務　者　　〇〇運輸株式会社

代表者代表取締役　乙　野　次　郎

《債務者の特定に資する事項》

☐　氏名又は名称の振り仮名　　〇〇〇〇

☐　旧本店所在地　　　　　　東京都〇〇区〇〇町〇丁目〇番〇号

☐　旧名称　　　　　　　　　〇〇〇〇

（第三者からの情報取得手続申立書（一般先取特権・不動産））
法２０５条１項２号，規則１８７条，１８９条

担保権・被担保債権・請求債権目録

1　担保権

　　申立人と債務者間の雇用契約に基づく下記２記載の債権にして，民法３０６条２号に基づく一般先取特権

2　被担保債権

　□　給料債権　　　　　　合計金○○○，○○○円

　　　ただし，申立人の債務者に対する給料債権にして令和○年○月○日から令和○年○月○日までの未払分の合計額（毎月○日締切，毎月○日払い）

　　　各月支払分の内訳は次のとおり

　　　令和○年○月○日支払分　　　金○○，○○○円

　　　令和○年○月○日支払分　　　金○○，○○○円

　□　退職金債権　　　　　金○，○○○，○○○円

　　　ただし，申立人の債務者に対する就業規則第○○条に基づく退職金債権の未払分（支払期日　令和○年○月○日）

3　請求債権

　　上記２記載の債権

書式例1-2

（第三者からの情報取得手続申立書（給与））
法206条1項1号，2号，規則187条，190条

第三者からの情報取得手続申立書（給与）

東京地方裁判所民事第21部御中

　　令和　　年　　月　　日

　　　　申立人

　　　　　　　　　　　　　　　　　　　　　　　　　　印

　　　　　　　　電　話　　　－　　　　－
　　　　　　　　ＦＡＸ　　　－　　　　－
　　　　　　　　　　　　　（担当　　　）

　　　　　　当事者　　　　別紙当事者目録記載のとおり
　　　　　　請求債権　　　別紙請求債権目録記載のとおり

　申立人は，債務者に対し，別紙請求債権目録記載の執行力のある債務名義の正本に記載された請求債権を有しているが，債務者がその支払をせず，下記の要件に該当するので，第三者に対し債務者の給与債権に係る情報（民事執行法206条1項）の提供を命じるよう求める。

記

1　民事執行法197条1項の要件（該当する□に✔を記入してください。）
　□　強制執行又は担保権の実行における配当等の手続（本件申立ての日より6月以上前に終了したものを除く。）において，金銭債権の完全な弁済を得ることができなかった（1号）。
　□　知れている財産に対する強制執行を実施しても，金銭債権の完全な弁済を得られない（2号）。
2　民事執行法205条2項の要件
　□　財産開示事件の事件番号
　　　　　　地方裁判所　　　　平成・令和　　年（財チ）第　　　　号
　□　財産開示期日　平成・令和　　年　　月　　日
3　民事執行法206条1項の要件（該当する□に✔を記入してください。）
　　申立人は，次の請求権について執行力のある債務名義の正本を有する。
　□　民事執行法151条の2第1項各号に掲げる義務に係る請求権
　□　人の生命又は身体の侵害による損害賠償請求権

（添付書類）（該当する□に✔を記入してください。）
　□　執行力のある債務名義の正本　　　　　　通
　□　同送達証明書　　　　　　　　　　　　　通
　□　同確定証明書　　　　　　　　　　　　　通
　□　資格証明書　　　　　　　　　　　　　　通
　□　住民票　　　　　　　　　　　　　　　　通
　□　　　　　　　　　　　　　　　　　　　　通

（第三者からの情報取得手続申立書（給与））
法２０６条１項１号，２号，規則１８７条，１９０条

（証拠書類）（該当する□に✔を記入してください。）
 1　民事執行法１９７条１項１号の主張をする場合
 （同号の証明資料）
　　□　配当表写し
　　□　弁済金交付計算書写し
　　□　不動産競売開始決定写し
　　□　債権差押命令写し
　　□　配当期日呼出状写し
　　□
 （民事執行法２０５条２項の証明資料）
　　□　財産開示期日が実施されたことの証明書
　　□　財産開示期日調書写し
　　□　財産開示手続実施決定写し
　　□
 2　民事執行法１９７条１項２号の主張をする場合
 （同号の疎明資料）
　　□　財産調査結果報告書及び添付資料
　　□
 （民事執行法２０５条２項の証明資料）
　　□　財産調査結果報告書添付資料のとおり
　　□　財産開示期日が実施されたことの証明書
　　□　財産開示期日調書写し
　　□　財産開示手続実施決定写し
　　□

（第三者からの情報取得手続申立書（給与））
法２０６条１項１号，２号，規則１８７条，１９０条

当　事　者　目　録

〒１００－０００１　東京都千代田区霞が関〇丁目〇番〇号（送達場所）

申　立　人　甲　野　太　郎

電話番号　〇〇－〇〇〇〇－〇〇〇〇

ＦＡＸ　〇〇－〇〇〇〇－〇〇〇〇

〒１００－０００１　東京都〇〇〇区△△△〇丁目〇番〇号

第　三　者　〇　〇　〇　区

代　表　者　区　長　　丙　野　三　郎

〒１００－０００１　東京都〇〇〇市△△△〇丁目〇番〇号

第　三　者　　〇〇共済組合

代　表　者　理　事　長　　丁　野　四　郎

〒１５３－０００１　東京都目黒区目黒本町〇丁目〇番〇号

（債務名義上の住所）東京都大田区西糀谷〇丁目〇番〇号

債　務　者　乙　野　次　郎

《債務者の特定に資する事項》

☐　氏名の振り仮名　　　　〇〇〇〇〇〇〇〇

☐　生年月日　　　　　　　昭和〇〇年〇〇月〇〇日

☐　性別　　　　　　　　　〇性

☐　旧住所　　　　　　　　東京都〇〇〇区〇〇町〇丁目〇番〇号

☐　旧姓　　　　　　　　　〇〇〇〇

（第三者からの情報取得手続申立書（給与））
法２０６条１項１号，２号，規則１８７条，１９０条

請　求　債　権　目　録

《パターン１》

　東京地方裁判所令和○○年(ワ)第○○○○○号損害賠償請求事件の執行力のある
判決正本に表示された，人の生命又は身体の侵害による損害賠償請求権である下記
債権

1　元　本　　　　金２００万円

　　ただし，主文第１項に記載された元本３００万円の残金

2　損害金

　　ただし，上記１に対する令和○○年○月○日から支払済みまで年○○パーセン
トの割合による損害金

《パターン２》

　○○家庭裁判所令和○○年（家イ）第○○号事件の調停調書正本に表示された下
記債権

　金３５万円

　ただし，申立人，債務者間の長男○○についての令和○○年○○月から令和○○
年○○月まで１か月金５万円の養育費の未払分（支払期毎月末日）

資料編

（別紙１－２－第三者からの情報取得手続申立書（給与）記入例）
法２０６条１項１号，２号，規則１８７条，１９０条

当 事 者 目 録

〒１００－０００１　東京都千代田区霞が関○丁目○番○号（送達場所）
　　　　　　　　　　　申　　立　　人　　甲　野　太　郎
　　　　　　　　　　　電話番号　○○－○○○○－○○○○
　　　　　　　　　　　ＦＡＸ　○○－○○○○－○○○○

〒１００－０００１　東京都○○○区△△△○丁目○番○号

> 1月1日時点で債務者の住所がある市区町村を記入。前年の勤務先が提供される※

　　　　　　　　　　　第　　三　　者　　○　○　○　区
　　　　　　　　　　　代　表　者　区　長　　丙　野　三　郎

〒１００－０００１　東京都○○○市△△△○丁目○番○号
　　　　　　　　　　　第　　三　　者　　○○共済組合
　　　　　　　　　　　代　表　者　理　事　長　　丁　野　四　郎

〒１５３－０００１　東京都目黒区目黒本町○丁目○番○号
　（債務名義上の住所）東京都大田区西糀谷○丁目○番○号
　　　　　　　　　　　債　　務　　者　　乙　野　次　郎
《債務者の特定に資する事項》
　□　氏名の振り仮名　　　　　　○○○○○○○○
　□　生年月日　　　　　　　　　昭和○○年○○月○○日
　□　性別　　　　　　　　　　　○性
　□　旧住所　　　　　　　　　　東京都○○○区○○町○丁目○番○号
　□　旧姓　　　　　　　　　　　○○○○

> 振り仮名，生年月日，性別などが記載されないと，債務者の特定ができないことを理由に，「該当情報なし」と回答されるおそれあり

> 生年月日，旧住所，旧姓を記載する場合は，公的書類（住民票等）が必要

＊発令時期（１月中の場合等）によっては，前年の１月１日時点で債務者の住所地がある
　市区町村を第三者とする必要がある場合があり，その場合は，さらにその前年の情報
　が提供される。

（第三者からの情報取得手続申立書（債務名義・預貯金））
法２０７条１項１号，規則１８７条，１９１条１項

第三者からの情報取得手続申立書（預貯金）

東京地方裁判所民事第２１部御中

　　　令和　　　年　　　月　　　日

　　　　　申立人

　　　　　　　　　　　　　　　　　　　　　　　　　　印
　　　　　　　　　電　話　　　－　　　　－
　　　　　　　　　ＦＡＸ　　　－　　　　－
　　　　　　　　　　　　　　（担当　　　　）

　　　　　　　当事者　　　　別紙当事者目録記載のとおり
　　　　　　　請求債権　　　別紙請求債権目録記載のとおり

　申立人は，債務者に対し，別紙請求債権目録記載の執行力のある債務名義の正本
に記載された請求債権を有しているが，債務者がその支払をせず，下記の要件に該
当するので，第三者に対し債務者の預貯金債権に係る情報（民事執行法２０７条１
項１号）の提供を命じるよう求める。
　　　　　　　　　　　　　　　　　記
　以下のとおり，民事執行法１９７条１項の要件がある。（該当する□に✔を記入
してください。）
　□　強制執行又は担保権の実行における配当等の手続（本件申立ての日より６月
　　以上前に終了したものを除く。）において，金銭債権の完全な弁済を得ること
　　ができなかった（１号）。
　□　知れている財産に対する強制執行を実施しても，金銭債権の完全な弁済を得
　　られない（２号）。

　□　直送用の郵便料金受取人払封筒　　　通添付

（第三者からの情報取得手続申立書（債務名義・預貯金））
法２０７条１項１号，規則１８７条，１９１条１項

（添付書類）（該当する□に✔を記入してください。）
- □　執行力のある債務名義の正本　　　　通
- □　同送達証明書　　　　　　　　　　　通
- □　同確定証明書　　　　　　　　　　　通
- □　資格証明書　　　　　　　　　　　　通
- □　住民票　　　　　　　　　　　　　　通
- □　　　　　　　　　　　　　　　　　　通
- □　　　　　　　　　　　　　　　　　　通

（証拠書類）（該当する□に✔を記入してください。）
1　民事執行法１９７条１項１号の主張をする場合
- □　配当表写し
- □　弁済金交付計算書写し
- □　不動産競売開始決定写し
- □　債権差押命令写し
- □　配当期日呼出状写し
- □
- □

2　民事執行法１９７条１項２号の主張をする場合
- □　財産調査結果報告書及び添付資料
- □
- □

（第三者からの情報取得手続申立書（債務名義・預貯金））
法２０７条１項１号，規則１８７条，１９１条１項

当　事　者　目　録

〒１００−０００１　東京都千代田区霞が関〇丁目〇番〇号（送達場所）

申　立　人　　〇〇商事株式会社

代表者代表取締役　　甲　野　太　郎

電話番号　〇〇−〇〇〇〇−〇〇〇〇

ＦＡＸ　〇〇−〇〇〇〇−〇〇〇〇

〒１００−０００１　東京都千代田区霞が関〇丁目〇番〇号

第　三　者　　株式会社〇〇銀行

代表者代表取締役　　丙　野　三　郎

〒１５３−０００１　東京都目黒区目黒本町〇丁目〇番〇号

（債務名義上の住所）東京都大田区西糀谷〇丁目〇番〇号

債　務　者　　乙　野　次　郎

《債務者の特定に資する事項》

☐　氏名又は名称の振り仮名　　〇〇〇〇

☐　生年月日　　　　　　　　昭和〇〇年〇〇月〇〇日

☐　性別　　　　　　　　　　〇性

☐　旧住所　　　　　　　　　東京都〇〇区〇〇町〇丁目〇番〇号

☐　旧姓　　　　　　　　　　〇〇〇〇

（第三者からの情報取得手続申立書（債務名義・預貯金））
法207条1項1号，規則187条，191条1項

請　求　債　権　目　録

東京地方裁判所令和○○年(ワ)第○○○○○号貸金返還請求事件の執行力のある判決正本に表示された下記債権

1　元　本　　　　金200万円

　　ただし，主文第1項に記載された元金300万円の残金

2　損害金

　　ただし，上記1に対する令和○○年○月○日から支払済みまで年○○パーセントの割合による損害金

書式例1-3-1 記入例

（別紙1-3-1-第三者からの情報取得手続申立書（債務名義・預貯金）記入例）
法207条1項1号，規則187条，191条1項

当 事 者 目 録

〒１００−０００１　東京都千代田区霞が関○丁目○番○号（送達場所）

　　　　　　　　　　　申立人　　○○商事株式会社

　　　　　　　　　　　代表者代表取締役　　甲 野 太 郎

　　　　　　　　　　　電話番号　○○−○○○○−○○○○

　　　　　　　　　　　ＦＡＸ　○○−○○○○−○○○○

〒１００−０００１　東京都千代田区霞が関○丁目○番○号

　　　　　　　　　　　第 三 者　　　株式会社○○銀行

　　　　　　　　　　　代表者代表取締役　　丙 野 三 郎

> 銀行は，調査日時点における口座情報を提供

〒１５３−０００１　東京都目黒区目黒本町○丁目○番○号

　（債務名義上の住所）東京都大田区西糀谷○丁目○番○号

　　　　　　　　　　　債務者　　乙 野 次 郎

《債務者の特定に資する事項》

☐　氏名又は名称の振り仮名　　○○○○

☐　生年月日　　　　　　　　　昭和○○年○○月○○日

☐　性別　　　　　　　　　　　○性

☐　旧住所　　　　　　　　　　東京都○○区○○町○丁目○番○号

☐　旧姓　　　　　　　　　　　○○○○

> 振り仮名，生年月日，性別などが記載されないと，債務者の特定ができないことを理由に，「該当情報なし」と回答されるおそれあり

> 生年月日，旧住所，旧姓を記載する場合は，公的書類（住民票等）が必要

書式例 1-3-2

（第三者からの情報取得手続申立書（一般先取特権・預貯金））
法２０７条２項，同条１項１号，規則１８７条，１９１条１項

第三者からの情報取得手続申立書（一般先取特権・預貯金）

東京地方裁判所民事第２１部御中

　　　　令和　　年　　月　　日

　　　　　　　申立人

　　　　　　　　　　　　　　　　　　　　　　　　　　　印

　　　　　　　　　　　電　話　　－　　　　－
　　　　　　　　　　　ＦＡＸ　　－　　　　－
　　　　　　　　　　　　　　　（担当　　　　）

　　　　　　　当事者　　　　　別紙当事者目録記載のとおり

　　　　　　　担　保　権 ⎫
　　　　　　　被担保債権 ⎬　別紙担保権・被担保債権・請求債権目録記
　　　　　　　請求債権　 ⎭　載記載のとおり

　申立人は，債務者に対し，別紙担保権・被担保債権・請求債権目録記載の債権を有しているが，債務者がその支払をせず，下記の要件に該当するので，別紙担保権・被担保債権・請求債権目録記載の一般先取特権に基づき，第三者に対し債務者の預貯金債権に係る情報（民事執行法２０７条２項，同条１項１号）の提供を命じるよう求める。
　　　　　　　　　　　　　記
　以下のとおり，民事執行法１９７条２項の要件がある。（該当する□に✔を記入してください。）
　□　強制執行又は担保権の実行における配当等の手続（本件申立ての日より６月以上前に終了したものを除く。）において，被担保債権の完全な弁済を得ることができなかった（１号）。
　□　知れている財産に対する強制執行を実施しても，被担保債権の完全な弁済を得られない（２号）。

　□　直送用の郵便料金受取人払封筒　　　通添付

（第三者からの情報取得手続申立書（一般先取特権・預貯金））
法２０７条２項，同条１項１号，規則１８７条，１９１条１項

（添付書類）（該当する□に✔を記入してください。）
　□　証拠説明書　　　　　　　　　　　通
　□　資格証明書　　　　　　　　　　　通
　□　住民票　　　　　　　　　　　　　通
　□　　　　　　　　　　　　　　　　　通
　□　　　　　　　　　　　　　　　　　通
（証拠書類）（該当する□に✔を記入してください。）
　１　一般先取特権を有することを証する文書
　　□　雇用契約書　　　　　　　　　　甲第　　号証
　　□　給与明細書　　　　　　　　　　甲第　　号証
　　□　出勤簿写し　　　　　　　　　　甲第　　号証
　　□　就業規則　　　　　　　　　　　甲第　　号証
　　□　陳述書　　　　　　　　　　　　甲第　　号証
　　□　　　　　　　　　　　　　　　　甲第　　号証
　　□　　　　　　　　　　　　　　　　甲第　　号証
　　□　　　　　　　　　　　　　　　　甲第　　号証
　２　民事執行法１９７条２項１号の主張をする場合
　　□　配当表写し　　　　　　　　　　甲第　　号証
　　□　弁済金交付計算書写し　　　　　甲第　　号証
　　□　不動産競売開始決定写し　　　　甲第　　号証
　　□　債権差押命令写し　　　　　　　甲第　　号証
　　□　配当期日呼出状写し　　　　　　甲第　　号証
　　□　　　　　　　　　　　　　　　　甲第　　号証
　　□　　　　　　　　　　　　　　　　甲第　　号証
　３　民事執行法１９７条２項２号の主張をする場合
　　□　財産調査結果報告書及び添付資料　　甲第　　号証～甲第　　号証
　　□
　　□

（第三者からの情報取得手続申立書（一般先取特権・預貯金））
法２０７条２項，同条１項１号，規則１８７条，１９１条１項

当　事　者　目　録

〒１００－０００１　東京都千代田区霞が関○丁目○番○号（送達場所）

申　立　人　甲　野　太　郎

電話番号　○○－○○○○－○○○○

ＦＡＸ　○○－○○○○－○○○○

〒１００－０００１　東京都千代田区霞が関○丁目○番○号

第　三　者　　株式会社○○銀行

代表者代表取締役　丙　野　三　郎

〒１００－０００１　東京都目黒区目黒本町○丁目○番○号

債　務　者　　○○運輸株式会社

代表者代表取締役　乙　野　次　郎

《債務者の特定に資する事項》

☐　氏名又は名称の振り仮名　　○○○○

☐　旧本店所在地　　　　　　　東京都○○区○○町○丁目○番○号

☐　旧名称　　　　　　　　　　○○○○

（第三者からの情報取得手続申立書（一般先取特権・預貯金））
法２０７条２項，同条１項１号，規則１８７条，１９１条１項

担保権・被担保債権・請求債権目録

1　担保権

　　申立人と債務者間の雇用契約に基づく下記２記載の債権にして，民法３０６条

　２号に基づく一般先取特権

2　被担保債権

　□　給料債権　　　　　　合計金○○○，○○○円

　　　ただし，申立人の債務者に対する給料債権にして令和○年○月○日から令和

　　○年○月○日までの未払分の合計額（毎月○日締切，毎月○日払い）

　　　各月支払分の内訳は次のとおり

　　　令和○年○月○日支払分　　　金○○，○○○円

　　　令和○年○月○日支払分　　　金○○，○○○円

　□　退職金債権　　　　　金○，○○○，○○○円

　　　ただし，申立人の債務者に対する就業規則第○○条に基づく退職金債権の未

　　払分（支払期日　令和○年○月○日）

3　請求債権

　　上記２記載の債権

資料編

書式例 1-4-1

（第三者からの情報取得手続申立書（債務名義・振替社債等））
法２０７条１項２号，規則１８７条，１９１条２項

第三者からの情報取得手続申立書（振替社債等）

東京地方裁判所民事第２１部　御中

　　　令和　　年　　月　　日

　　　　申立人

　　　　　　　　　　　　　　　　　　　　　　　　印
　　　　　　　　　　　電　話　　－　　　　－
　　　　　　　　　　　ＦＡＸ　　－　　　　－
　　　　　　　　　　　　　　（担当　　　　）

　　　　　　　　当事者　　　　別紙当事者目録記載のとおり
　　　　　　　　請求債権　　　別紙請求債権目録記載のとおり

　申立人は，債務者に対し，別紙請求債権目録記載の執行力のある債務名義の正本
に記載された請求債権を有しているが，債務者がその支払をせず，下記の要件に該
当するので，第三者に対し債務者の有する振替社債等に係る情報（民事執行法２０
７条１項２号）の提供を命じるよう求める。
　　　　　　　　　　　　　　　記
　以下のとおり，民事執行法１９７条１項の要件がある。（該当する□に✔を記入
してください。）
　　□　強制執行又は担保権の実行における配当等の手続（本件申立ての日より６月
　　　以上前に終了したものを除く。）において，金銭債権の完全な弁済を得ること
　　　ができなかった（１号）。
　　□　知れている財産に対する強制執行を実施しても，金銭債権の完全な弁済を得
　　　られない（２号）。

　　□　直送用の郵便料金受取人払封筒　　　通添付

（第三者からの情報取得手続申立書（債務名義・振替社債等））
法２０７条１項２号，規則１８７条，１９１条２項

（添付書類）（該当する□に✔を記入してください。）
- □ 　執行力のある債務名義の正本 　　　　通
- □ 　同送達証明書 　　　　　　　　　　　通
- □ 　同確定証明書 　　　　　　　　　　　通
- □ 　資格証明書 　　　　　　　　　　　　通
- □ 　住民票 　　　　　　　　　　　　　　通
- □ 　　　　　　　　　　　　　　　　　　通
- □ 　　　　　　　　　　　　　　　　　　通

（証拠書類）（該当する□に✔を記入してください。）
1 　民事執行法１９７条１項１号の主張をする場合
- □ 　配当表写し
- □ 　弁済金交付計算書写し
- □ 　不動産競売開始決定写し
- □ 　債権差押命令写し
- □ 　配当期日呼出状写し
- □
- □

2 　民事執行法１９７条１項２号の主張をする場合
- □ 　財産調査結果報告書及び添付資料
- □
- □

（第三者からの情報取得手続申立書（債務名義・振替社債等））
法２０７条１項２号，規則１８７条，１９１条２項

当　事　者　目　録

〒１００－０００１　東京都千代田区霞が関○丁目○番○号（送達場所）

申　　立　　人　　○○商事株式会社

代表者代表取締役　　甲　野　太　郎

電話番号　○○－○○○○－○○○○

ＦＡＸ　○○－○○○○－○○○○

〒１００－０００１　東京都千代田区霞が関○丁目○番○号

第　　三　　者　　○○○○証券株式会社

代表者代表取締役　　丙　野　三　郎

〒１５３－０００１　東京都目黒区目黒本町○丁目○番○号

（債務名義上の住所）東京都大田区西糀谷○丁目○番○号

債　　務　　者　　乙　野　次　郎

《債務者の特定に資する事項》

☐　氏名又は名称の振り仮名　　○○○○

☐　生年月日　　　　　　　　　昭和○○年○○月○○日

☐　性別　　　　　　　　　　　○性

☐　旧住所　　　　　　　　　　東京都○○区○○町○丁目○番○号

☐　旧姓　　　　　　　　　　　○○○○

（第三者からの情報取得手続申立書（債務名義・振替社債等））
法207条1項2号，規則187条，191条2項

請 求 債 権 目 録

　東京地方裁判所令和〇〇年(ワ)第〇〇〇〇〇号貸金返還請求事件の執行力のある判決正本に表示された下記債権

1　元　本　　　　　金200万円

　　ただし，主文第1項に記載された元金300万円の残金

2　損害金

　　ただし，上記1に対する令和〇〇年〇月〇日から支払済みまで年〇〇パーセントの割合による損害金

（第三者からの情報取得手続申立書（一般先取特権・振替社債等））
法207条2項，同条1項2号，規則187条，191条2項

第三者からの情報取得手続申立書（一般先取特権・振替社債等）

東京地方裁判所民事第21部　御中

　　令和　　年　　月　　日

　　　　申立人

　　　　　　　　　　　　　　　　　　　　　　　　　印

　　　　　　　電　話　　　－　　　　－
　　　　　　　FAX　　　－　　　　－
　　　　　　　　　　　　（担当　　　　）

　　　　　当事者　　　　　別紙当事者目録記載のとおり

　　　　　担保権　　　　　┐別紙担保権・被担保債権・請求債権
　　　　　被担保債権　　　├目録記載のとおり
　　　　　請求債権　　　　┘

　申立人は，債務者に対し，別紙担保権・被担保債権・請求債権目録記載の債権
を有しているが，債務者がその支払をせず，下記の要件に該当するので，別紙担
保権・被担保債権・請求債権目録記載の一般先取特権に基づき，第三者に対し債
務者の有する振替社債等に係る情報（民事執行法207条2項，同条1項2号）
の提供を命じるよう求める。
　　　　　　　　　　　　　　　記
　以下のとおり，民事執行法197条2項の要件がある。（該当する□に✔を記入
してください。）
　□　強制執行又は担保権の実行における配当等の手続（本件申立ての日より6月
　　　以上前に終了したものを除く。）において，被担保債権の完全な弁済を得るこ
　　　とができなかった（1号）。
　□　知れている財産に対する強制執行を実施しても，被担保債権の完全な弁済を
　　　得られない（2号）。

□　直送用の郵便料金受取人払封筒　　　通添付

（第三者からの情報取得手続申立書（一般先取特権・振替社債等））
法２０７条２項，同条１項２号，規則１８７条，１９１条２項

（添付書類）（該当する□に✔を記入してください。）
- □　証拠説明書　　　　　　　　　　　　通
- □　資格証明書　　　　　　　　　　　　通
- □　住民票　　　　　　　　　　　　　　通
- □　　　　　　　　　　　　　　　　　　通
- □　　　　　　　　　　　　　　　　　　通

（証拠書類）（該当する□に✔を記入してください。）

1　一般先取特権を有することを証する文書
- □　雇用契約書　　　　　　　　　　甲第　　号証
- □　給与明細書　　　　　　　　　　甲第　　号証
- □　出勤簿写し　　　　　　　　　　甲第　　号証
- □　就業規則　　　　　　　　　　　甲第　　号証
- □　陳述書　　　　　　　　　　　　甲第　　号証
- □　　　　　　　　　　　　　　　　甲第　　号証
- □　　　　　　　　　　　　　　　　甲第　　号証
- □　　　　　　　　　　　　　　　　甲第　　号証

2　民事執行法１９７条２項１号の主張をする場合
- □　配当表写し　　　　　　　　　　甲第　　号証
- □　弁済金交付計算書写し　　　　　甲第　　号証
- □　不動産競売開始決定写し　　　　甲第　　号証
- □　債権差押命令写し　　　　　　　甲第　　号証
- □　配当期日呼出状写し　　　　　　甲第　　号証
- □　　　　　　　　　　　　　　　　甲第　　号証
- □　　　　　　　　　　　　　　　　甲第　　号証

3　民事執行法１９７条２項２号の主張をする場合
- □　財産調査結果報告書及び添付資料　　甲第　　号証～甲第　　号証
- □
- □

（第三者からの情報取得手続申立書（一般先取特権・振替社債等））
法２０７条２項，同条１項２号，規則１８７条，１９１条２項

当　事　者　目　録

〒１００－０００１　東京都千代田区霞が関〇丁目〇番〇号（送達場所）

申　立　人　甲　野　太　郎

電話番号　〇〇－〇〇〇〇－〇〇〇〇

ＦＡＸ　〇〇－〇〇〇〇－〇〇〇〇

〒１００－０００１　東京都千代田区霞が関〇丁目〇番〇号

第　三　者　　〇〇〇〇証券株式会社

代表者代表取締役　　丙　野　三　郎

〒１００－０００１　東京都目黒区目黒本町〇丁目〇番〇号

債　務　者　　〇〇運輸株式会社

代表者代表取締役　　乙　野　次　郎

《債務者の特定に資する事項》

☐　氏名又は名称の振り仮名　　〇〇〇〇

☐　旧本店所在地　　　　　　　東京都〇〇区〇〇町〇丁目〇番〇号

☐　旧名称　　　　　　　　　　〇〇〇〇

（第三者からの情報取得手続申立書（一般先取特権・振替社債等））
法２０７条２項，同条１項２号，規則１８７条，１９１条２項

担保権・被担保債権・請求債権目録

1 担保権

　　申立人と債務者間の雇用契約に基づく下記２記載の債権にして，民法３０６条

　２号に基づく一般先取特権

2 被担保債権

　　□　給料債権　　　　　合計金○○○，○○○円

　　　　ただし，申立人の債務者に対する給料債権にして令和○年○月○日から令和

　　　○年○月○日までの未払分の合計額（毎月○日締切，毎月○日払い）

　　　　各月支払分の内訳は次のとおり

　　　　令和○年○月○日支払分　　　　金○○，○○○円

　　　　令和○年○月○日支払分　　　　金○○，○○○円

　　□　退職金債権　　　　金○，○○○，○○○円

　　　　ただし，申立人の債務者に対する就業規則第○○条に基づく退職金債権の未

　　　払分（支払期日　令和○年○月○日）

3 請求債権

　　上記２記載の債権

執筆者紹介

編著者

今井　和男（いまい　かずお）　　序章担当
虎門中央法律事務所　代表弁護士

【略歴】
1983 年 4 月　　東京弁護士会に弁護士登録と同時に開業
1992 年 10 月　　事務所名を虎門中央法律事務所に改称
2008 年 7 月　　日本生命保険相互会社取締役就任
2017 年 6 月　　同社スチュワードシップ諮問委員会委員長
【委員等】
日本弁護士連合会民事裁判手続に関する委員会委員長（2009 年 6 月〜2011 年
5 月）
日本弁護士連合会民事司法改革総合推進本部副本部長（2011 年 7 月〜）
最高裁判所民事規則制定諮問委員会委員（2014 年 7 月〜）
法制審議会民事執行法部会委員（2016 年 11 月〜2018 年 10 月）
【主な著作】
『実践 平成 26 年会社法改正後の IR 総会とガバナンス』（共編著、商事法務、
2015 年）
「〔座談会〕消費者裁判特例手続の施行に向けて」法の支配第 182 号（2016 年）
「「Nice Compliance」の追求を——弁護士が果たすべき役割」ビジネス法務 2019
年 10 月号

太田　秀哉（おおた　ひでや）
弁護士　太田秀哉法律事務所

【略歴】
1980 年　一橋大学法学部卒業
1982 年　弁護士登録
【委員等】
司法試験委員会委員 司法研修所民事弁護教官、一橋大学法科大学院特任教授
【主な著作】
『民事弁護と裁判実務 損害賠償Ⅱ』（共著、ぎょうせい、1996 年）
『わかりやすい医療裁判処方箋』（共著、判例タイムズ社、2004 年）
『ライブ争点整理』（共編、有斐閣、2014 年）

著　者

有賀　隆之（ありが　たかゆき）　　第 1 章担当
弁護士　虎門中央法律事務所 パートナー

【略歴】
1995 年　早稲田大学法学部卒業
1998 年　弁護士登録　虎門中央法律事務所入所
2005 年　同事務所パートナー就任
【主な著作】
『Q&A 不動産競売の実務』（共著、新日本法規、2000 年）
「担保不動産収益執行の現状と課題」季刊事業再生と債権管理 2008 年秋号
「現代債権回収実務マニュアル〔第 1 巻～第 3 巻〕」（共著、民事法研究会、
2014 年～2017 年）
ほか

池田　綾子（いけだ　あやこ）　　第 3 章担当
弁護士　森・濱田松本法律事務所 シニア・カウンセル

【略歴】
1982 年　東京大学法学部卒業
1984 年　弁護士登録
2002 年　司法研修所民事弁護教官
【委員等】
日本弁護士連合会家事法制委員会、ハーグ条約ワーキンググループ（2020 年
5 月まで）、民事裁判手続に関する委員会
【主な著作】
『家事事件における保全・執行・履行確保の実務』（共著、日本加除出版、
2017 年）
「国際扶養をめぐる実務的諸問題」『国際私法年報』（2018 年）
『詳解国際家事事件の裁判管轄』（編著、日本加除出版、2019 年）

大野　徹也（おおの　てつや）　　第 2 章担当
弁護士・公認不正検査士（CFE）・公認 AML スペシャリスト（CAMS）
プロアクト法律事務所 パートナー

【略歴】
1998 年　明治大学政治経済学部経済学科卒業
2001 年　弁護士登録（東京弁護士会）、名川・岡村法律事務所入所
2007 年　アフラック入社（社内弁護士）
2013 年　プロアクト法律事務所参画
【委員等】
日本弁護士連合会民事介入暴力対策委員会事務局次長、東京弁護士会民事介
入暴力対策特別委員会副委員長、スルガ銀行株式会社社外取締役監査等委員
長（2019 年〜）ほか
【主な著作】
『図解　不祥事の予防・発見・対応がわかる本』（共著、中央経済社、2019 年）
「不動産競売における暴力団員の買受け防止」自由と正義 2019 年 12 月号
「ケースで学ぶ営業店での反社会的勢力排除態勢」JA 金融法務 2019 年 11 月
号ほか

成田　晋司（なりた　しんじ）　　第 4 章担当
東京高等裁判所判事

【略歴】
1999 年 4 月　東京地方裁判所判事補
2011 年 4 月〜2015 年 3 月　最高裁判所調査官
2015 年 4 月〜2017 年 2 月　横浜地裁判事
2017 年 3 月〜2020 年 3 月　最高裁判所事務総局民事局第一課長
【委員等】
法制審議会民事執行法部会幹事（2017 年 3 月〜2018 年 10 月）
最高裁判所民事規則制定諮問委員会幹事（2017 年 3 月〜2020 年 3 月）
【主な著作】
「免責許可の決定の効力が及ばない破産債権であることを理由として当該破産
債権が記載された破産債権者表につき執行文付与の訴えを提起することの許
否」『最高裁判所判例解説民事篇平成 26 年度』（法曹会、2017 年）
「民事執行規則等の一部を改正する規則の概要（共著）」NBL1162 号、1164 号
（2020 年）

令和元年改正民事執行法 実務解説 Q&A

2020年5月20日　初版第1刷発行

編 著 者	今 井 和 男	太 田 秀 哉
著　　者	有 賀 隆 之	池 田 綾 子
	大 野 徹 也	成 田 晋 司

発 行 所　㈱商 事 法 務
〒103-0025 東京都中央区日本橋茅場町 3-9-10
TEL 03-5614-5643・FAX 03-3664-8844〔営業〕
TEL 03-5614-5649〔編集〕
https://www.shojihomu.co.jp/

落丁・乱丁本はお取り替えいたします。　　　印刷／広研印刷㈱
© 2020 Kazuo Imai, Hideya Ota　　　　Printed in Japan
Shojihomu Co., Ltd.
ISBN978-4-7857-2785-7
＊定価はカバーに表示してあります。